50 JAHRE
FRAUENSTIMMRECHT

Bibliografische Information der Deutschen Nationalbibliothek: Die Deutsche Nationalbibliothek verzeichnet diese Publikation in der Deutschen Nationalbibliografie; detaillierte bibliografische Daten sind im Internet über dnb.dnb.de abrufbar.

Herstellung und Verlag: BoD - Books on Demand, Norderstedt

ISBN: 978-3-7526-7257-2

Grafische Gestaltung: Emmanuelle Ayrton, Frankreich
Umschlagbild: Poomthai Patummasoot, Thailand

Suzanne Gaede

50 JAHRE
FRAUENSTIMMRECHT

Zeichnungen:

Poomthai Patummasoot

Ein Märchen

Seite 5

Von den Tupa und den Tupo im Tupa-Tupo-Land

(für jüngere Leserinnen und Leser)

Kein Märchen

Seite 83

Von Frauen, Männern und Kindern in unserem Land

(für ältere Leserinnen und Leser)

Wie ging es weiter?

Seite 141

Ein Märchen

Von den Tupa und den Tupo im Tupa-Tupo-Land

Die Zeit des Mammuts

Vor vielen Millionen Jahren lebten

im Tupa-Tupo-Land vier Freunde.

Maga und **M**ascha, die zwei Tupa-Mädchen.

Mollo und **M**okko, die zwei Tupo-Jungs.

Das war zur Zeit des Mammuts.

Oh nein! Sie waren nicht so gross wie ein Mammut.

Sie waren so klein wie eine Maus, aber dafür farbig.

Ihr blaues Fell und der lange rote Schwanz gefielen ihnen

ganz besonders.

Beim schnellen Hinschauen hätte man glauben können,

es wären winzige Affen.

Doch das war falsch!

Tupa und Tupo schlüpften aus Eiern, wie die Dinosaurier.

Natürlich aus sehr kleinen Eiern.

«Kommt ihr?», pfiff Maga und krallte sich an eine Palme.

«Bin schon da», piepste Mascha.

«Wartet, wartet!», rief Mollo.

«Ich bin schneller», prahlte Mokko.

Die vier kraxelten den hohen Stamm hinauf.

«Ho ruck», schon hockten sie oben, auf einem grossen

Palmwedel.

7

Von hier aus hatten sie die beste Aussicht über ihren Wald.
Der war riesig – etwa so gross wie das Meer.

«Ich sehe den Weiher!», schrie Mascha. «Ich kann sogar
unsere Hütten sehen.»

«Vielleicht auch noch die Wasserschnecken?», kicherten
die anderen.

«Ihr seid doof», lachte Mascha.

Tatsächlich! Weit, weit in der Ferne glitzerte das Wasser.
Darauf schwammen lauter weisse Tupfen. Es waren die
Blumenhütten der Tupa-Tupo.

Abends, wenn die Sonne langsam unterging, krochen alle
hinein. Dann verschlossen sich die Blätter, wie bei einer
fleischfressenden Pflanze.
Nein, nein, sie frassen die Tupa-Tupo nicht auf!

«Ich habe Hunger!», rief Mollo.
«Ich auch», sagte Mascha.

8

«Knacken wir eine Kokosnuss?», fragte Maga.

«Schaut, diese dort!», pfiff Mascha.

«Prima! Prima!»

«Zick-zick-zick», knabberten sie miteinander den dicken Stängel durch.

«Pätsch-pumm», knallte die Nuss zu Boden.

Nun hielten sich die vier an einem Palmenblatt fest.

«Seid ihr bereit?», rief Mokko.

«Jaaaa!»

Sie rissen das Blatt ab.

Eins, zwei, drei, segelten sie wie mit einem Fallschirm durch die Luft.

«Juheeeeeeeee … »

Sanft landeten alle neben der aufgesprungenen Nuss.

«Hurra!»

Kokosnüsse waren das Lieblingsessen der Tupa-Tupo.

Sie mochten aber auch Pilze und Beeren.

9

Es gab in ihrem Wald so viele, dass sie lebten wie im Schlaraffenland.

Überhaupt war es bei ihnen wie im besten Land der Welt. Die Tupa-Mädchen und Tupo-Jungs spielten den ganzen Tag miteinander.

Die winzigen Babys lagen in den Blumen auf dem Weiher und wurden von Wellen geschaukelt.

Die Tupa-Frauen und die Tupa-Männer streckten sich an der Sonne aus. Sie erzählten sich Geschichten, sangen und lachten. Wenn sie Lust hatten, jagten sie durch den Wald oder machten Hüpfspiele.

In jenen schönen Tagen dachten die Tupa-Tupo: «Alles wird so bleiben wie es ist, wie es war, und wie es immer sein wird.»

Doch sie hatten sich getäuscht!
Mit einem Schlag sollte alles zu Ende sein.

In einer Stunde ...

einer halben Stunde ...

einer Minute ...

Jetzt!

Die vier Freunde sassen wieder in den Baumkronen oben.

«Turnen wir?», fragte Maga übermütig.

Schwups, schon hing sie kopfüber an einem grossen Blatt.

Mit ihrem langen Schwanz hielt sie sich daran fest und

baumelte fröhlich hin und her. «Tralalalalalalaaa!»

Mascha und Mollo taten es ihr sofort nach.

Mokko hatte eine andere Idee. Er machte seinen Schwanz

stocksteif und versuchte auf dessen Spitze zu stehen.

«Schaut», schrie er, «ein Schwanzstand!»

«Bravooooooo!», riefen die anderen und klatschten mit

all ihren Pfoten.

11

«Hört auf zu rütteln!», krähte Mokko. «Sonst falle ich!»

«Wir rütteln nicht! – Du rüttelst!»

«Nein, ich bin es nicht!»

«Mokko, hör auf!», schrie Maga. «Das ist gefährlich.»

«Ich rüttle nicht! – Ihr seid es!»

«Sofort aufhören!», kreischten Mascha und Mollo.

«Seid ihr total verrückt geworden?!?!?», zeterte Mokko in voller Panik.

Der Baum schwankte.

Oh weh! Alle Bäume schwankten!

Maga, Mascha und Mollo versuchten sich an einem Ast festzuhalten. – Es schleuderte sie auf und ab wie auf einem Trampolin.

Mokko spickte es bis in die höchste Baumspitze hinauf.

«Hilfe, Hilfe!», schrien alle vier.

«Kkk kkrrr kkkkrrrrrrrrkkkkk», bog sich der riesige Baum nach hinten.

«HILFEEEEEEE!»

12

«Pääääääääääääääääääääääng», schnellte der Baum mit aller Wucht zurück.

«Schwirrrrrrrrrrrrrrrrrrrrrrrrrrrrrrrrrrrr», flogen die vier Freunde wie Raketen durch die Luft.

«Patsch-puff-patsch-paff», landeten sie hintereinander auf dem Waldboden.

Maga stöhnte auf vor Schmerz.

Mollo und Mascha leckten ihre verletzten Pfoten.

Mokko schrie: «Wir müssen zum Weiher!»

Der Boden schwankte. Bäume knickten ein. Steine und Erdklumpen schwirrten herum. Es donnerte und krachte.

Am Weiher war ein Riesentumult. Schäumende Wellen schlugen übers Ufer. Abgerissene Blumenhütten fegten herum. – Weinende Babys fielen klatschend ins Wasser. Die Tupa-Tupo machten eine lange Kette und fischten sie todesmutig heraus.

13

«Ein See-Ungeheuer!», rief jemand.

«Das muss ein See-Ungeheuer sein!»

«Ein See-Ungeheuer????»

«Ja!»

«Seid ihr sicher?»

«Ein riesiges See-Ungeheuer!»

«O Graus!»

«Achtung!»

«Alle aufpassen!»

«Sie haben ein UNGEHEUER gesehen!»

Jetzt rannten und jagten alle von einer Seite zur anderen.
Hin und her, kreuz und quer.
Es war ein riesiger Knäuel Tupa-Tupo, die voller Angst um
ihr Leben liefen.

«Stillgestanden!», pfiff der lauteste Tupo. «Aber sofort! Wir
brauchen einen Plan!»

«Wir retten uns unter die Erde!», krähte die stärkste Tupa.

«Sehr gut!»

«Grabt euch ein!»

«Schnell, schnell!»

«Bevor das Ungeheuer aus dem Weiher kommt!»

Die Tupa-Tupo gruben mit ihren winzigen Pfoten – so flink sie nur konnten.

In kurzer Zeit hatten sie unterirdische Gänge geschaffen.

Alle krochen hinein und suchten sich eine freie Nische.

Die Tupa-Tupo zitterten vor Angst und Schrecken.

«Warum hat sich das Ungeheuer bewegt?», fragten sie sich immer wieder.

«Was will es?»

«Was wird geschehen?»

«Was können wir tun?»

Das Ungeheuer

«Ich träumte, das Ungeheuer hätte siebzig Füsse», sagte eine Tupa am nächsten Morgen.

«Ja, ich sah es auch im Traum vor mir», nickte der Älteste.

«Ich auch», flüsterte eine Tupa. «Es hat einen Schwanz aus hundert riesig langen Haaren.»

«Entsetzlich!»

«Und jedes Haar ist dicker als unser ganzer Schwanz!»

«Furchtbar», schauderte es alle.

«Das Ungeheuer hat glühende Augen», erzählte der Alte, «und einen sehr gefährlichen Rüssel.»

Nach langem Nachdenken meinte die gescheiteste Tupa: «Damit will es uns AUFSAUGEN.»

Es wurde totenstill – und es blieb totenstill.

Immer noch.

Immer noch.

16

Plötzlich krähten alle miteinander:

«Wir müssen es fangen!!!!!!»

«Ja, aber wie?»

«Es ist viel zu gross!»

«Es ist viel zu dick!»

«Es ist viel zu schwer!»

Eine Tupa rief: «Wir locken es in den Wald!»

«Genau», antwortete der schnellste Tupo. «Wir rennen alle in die gleiche Richtung, dann läuft es hinter uns her.»

«Und dann?»

«Dann halten wir an einem guten Platz ruckartig an.»

«Warum?»

«Um es zu verwirren. Bis es endlich kapiert hat, was wir tun, können wir es fangen.»

«Bravo, bravo!»

17

«Die Mutigsten bleiben vorn beim grossen Rüssel», meinte der mutigste Tupo, «die anderen rennen zum Schwanz.»

Maga rief: «Meine Freunde und ich könnten helfen!»
«Wie? Ihr seid doch noch Kinder.»
«Wir jagen vor seinem Rüssel wie wild hin und her.»
«Ohhhhhh!?!?»
«Nur keine Angst», kicherte Mascha, «es kann uns nicht aufsaugen.»
«Das ist unmöglich», nickte Mollo voller Stolz.
«Wir sind viel zu schnell», versicherte Mokko.
«Grossartig!»

«In der Zwischenzeit kommen alle Starken zu mir nach hinten», schlug der Stärkste vor.
«Wozu?»
«Ich gebe jedem ein dickes Schwanzhaar in die Pfoten.»
«Pfuiiii!», schüttelte es die Tupa und Tupo vor Grausen.
«Müssen wir es wirklich berühren?»

18

«Aber sicher», erklärte der Stärkste. «Wir binden jedes Haar um einen anderen Baum.»

«Sehr schlau», freuten sich jetzt alle. «Das Ungeheuer kann unmöglich hundert Bäume auf einmal ausreissen.»

«Wenn es lange im Wald steht», sagte eine weise Tupa, «dann trocknet es aus.»

«Wie lange?»

«Es kommt darauf an, wie gross es ist.»

«Juheeee!», klatschten alle. «Wir haben den besten Plan.»

Voller Zuversicht hockten alle wieder in ihre Nischen und warteten ab, was geschehen würde …

Die Trennung

Nach drei Tagen und drei langen Nächten unter der Erde
munkelten einige vorsichtig:

«Und wenn es uns nicht gelingt?»

«Haben wir genug Kraft gegen das riesige Ungeheuer?»

«Wie könnten wir noch schneller und stärker werden?»

«Wir müssen es üben», sagte ein Tupo.

«Leicht gesagt – aber schwierig!»

«Ich habe eine gute Idee», platzte der Schnellste heraus.

«Die Schnellen rennen mir jeden Tag hinterher. In kurzer
Zeit werden sie auch so schnell wie ich.»

«Super! Wir machen mit!», riefen Mokko und Mollo.

«Die sehr Starken übernehme ich», schlug der Stärkste vor.

«Wir üben miteinander, bis ihr so stark seid wie ich.»

«Oder noch stärker», witzelten die Starken leise.

20

«Bäää bäää bääääääää», tönte lautes Babygeschrei durch die Höhle. «Bäää bääääää!»

Alle seufzten: «Babys müssen von Wellen geschaukelt werden, nicht im Dunkeln liegen.»

«Bäääääääääääääää!»

Der Älteste warnte: «Das hungrige Ungeheuer könnte ihr Geschrei hören.»

«Das ist sehr gefährlich», erschraken alle.

«Seit gestern verhält es sich ruhig», antwortete ein Tupo, «der Boden zittert nicht mehr.»

«Wir sollten die Zeit nutzen.»

«Üben wir?»

«Im Wald draussen?»

«Halt, halt!», rief eine Tupa. «Wir Mütter können unsere Babys nicht verlassen.»

«Stimmt.»

«Was tun?»

21

«Vielleicht bleiben die Mütter in der Höhle?»

«Es wäre das Beste.»

«Und die Tupa, welche bald Eier legen werden?»

«Die auch.»

Mokko und Mollo riefen: «Zum Glück können Maga und Mascha mitkommen!»

«Tztztztz», überlegte der Älteste, «ich denke, alle Tupa sollten in der Höhle bleiben.»

«Ach, nein», stöhnte Maga.

«Warum?», seufzte Mascha.

«Es ist besser, wenn ihr helft, alle Babys still zu halten.»

«Ich will aber raus!», wehrte sich Maga. «Ich will vor dem Rüssel herumrennen. Das war meine Idee!»

Mokko hockte sich neben die erzürnte Maga.

Mollo blinzelte zur enttäuschten Mascha.

«Wir werden nicht lange getrennt sein», trösteten sie ihre beiden Freundinnen.

Die anderen Tupo wollten sofort hinaus. Sie schlugen mit ihren Schwänzen ungeduldig an die Höhlenwände.

«Bäääää bäääääää bäääääää.»
«Seit sofort still, ihr erschreckt die Kleinen», schimpften die Tupa-Mütter. «Morgen ist auch noch ein Tag.»

«Wir wollen aber jetzt raus», erklärten die Tupo übermütig.
«Wir wollen nicht still herumhocken und warten.»
Und tatsächlich!
Kurz nach Mitternacht krochen sie ins Freie.

«Das Ungeheuer schläft noch», flüsterten alle aufgeregt.
In einer langen Reihe schlichen sie leise am Weiher vorbei.
Kaum waren die Tupo im dichten Wald, konnten sie einen kleinen Freudenpfiff nicht unterdrücken.

23

In jener berühmten Nacht

hatten sich die Tupa und die Tupo

zum ersten Mal getrennt.

Und zum ersten Mal in ihrer Geschichte gab es

Aufgaben für Tupa

und

Aufgaben für Tupo.

Die Zeit des Nashorns

Es wurde Tag und Nacht und Tag und Nacht und tausend

Jahre vergingen wie im Flug – bis zur Zeit des **Nashorns**.

Maga, Mascha, Mollo und Mokko waren schon lange tot.

Doch es gab zur Zeit des Nashorns vier neue Freunde.

Sie hiessen **N**aga, **N**ascha, **N**ollo und **N**okko.

Sie waren den früheren Freunden sehr ähnlich,

aber ihr Leben war völlig anders …

Das schöne Land der Tupa-Tupo hatte sich verändert.

Die Tupa-Frauen und die Tupa-Mädchen lebten nun Tag und Nacht in den Gängen unter der Erde.

Sie schützten sich und die Babys vor dem Ungeheuer, welches wieder hätte erwachen können. So wie damals, in der Zeit des Mammuts.

Die Tupo-Männer und die Tupo-Jungs übten tagsüber im Wald den Kampf.

Bei Sonnenuntergang mussten sie für alle die schweren Kokosnüsse zur Höhle transportieren.

Naga und Nascha und die Tupa-Mädchen hatten schon frühmorgens viel zu tun.

Als erstes knackten sie einen Berg von Kokosnüssen auf.

Die Tupo wollten sie aufgeknackt zum Frühstück haben!

«Mmmm mmm», summten die Tupa, «Nussfleisch macht die Tupo stark.»

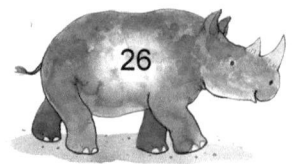

Als zweites mussten sie den vielen Schmutz aus der Höhle schubsen. Sie taten es sehr, sehr leise, um die Tupo nicht aufzuwecken.

«Hi hi hii», kicherte Naga, «schaut wie Nollo und Nokko schlafen, sollen wir sie in die Schnauze zwicken?»

«Spinnst du?», zischte Nascha.

Ihre dritte Aufgabe war die schwierigste.

Wenn Tupo in der Höhle waren, durften die Babys nicht schreien. Lärm machte die schlafenden Tupo nervös.

Doch die Babys bähten trotzdem!

Naga, Nascha und alle anderen Tupa wiegten sie immerfort. Solange, bis die Tupo gefressen hatten, und sie in Reih und Glied in den Wald hinaus zogen.

«Nascha, schau», kicherte Naga.

Sie streckte zwei blaue Pelzhaare in die Luft.

«Oh, die sind riesig! Von wem sind sie?»

27

«Rate!»

«Von Nollo und Nokko?»

«Ist ja klar!»

Dicke Pelze waren bei den Tupo sehr angesehen.

Die berühmtesten Tupo-Kämpfer hatten die längsten und

blausten Haare.

Bei den Tupa-Mädchen war es das Gegenteil.

Weil sie unter der Erde lebten, wurden ihre Felle dünner

und immer dünner.

Doch diese Zartheit gefiel den Tupo.

Sie prahlten: «Meine Tupa ist die Schönste, sie hat fast

keine Haare mehr.»

Durch das Höhlendasein wurden auch die Beinchen der

Tupa kürzer und schwächer.

Die Tupo fanden das entzückend.

Sie sagten: «Meine Tupa macht die winzigsten Schritte.»

Als die Tupa dies hörten, wollten sie noch viel kleinere Schritte machen. Eine Tupa legte sich sogar ein Kettchen um die Beine. Sie konnte kaum mehr gehen. – Aber die Tupo schauten ihr lange nach und fanden es sehr süss.

Von da an schenkten alle Tupa-Mütter ihren kleinen Tupa ein Kettchen für die Vorder- und eines für die Hinterbeine.
Mit der Zeit wurde daraus ein grosses Fest.
Das berühmte «Kettenfest».
Allen Tupa-Mädchen, die keine Babys mehr waren, wurden an diesem Tag feierlich die Kettchen angelegt.

Nach jedem frisch eingeketteltem Mädchen schlugen die Tupo mit ihrem starken roten Schwanz auf den Boden.
«Paff-paff», tönte es durch den Wald.

Die Tupa bewegten ihr feines Schwänzchen auf und ab.
Sie hatten nur noch kleine Stummel.
«Wie niedlich», schmunzelten die Tupo.

29

Der Übungsplatz

Draussen war dicker Nebel.

Naga und Nascha guckten aus der Höhle.

Sie langweilten sich.

Nichts Spannendes geschah.

Immer nur dasselbe.

«Komm», flüsterte Naga.

«Wohin?»

«Es fängt mit Ü an.»

«???»

«Komm schon.»

«An was denkst du?»

«Ü b u n g s p l a t z», hauchte Naga.

«Bist du wahnsinnig!»

«Ich will wissen, was Nollo und Nokko dort tun.»

«Tupa gehen nie dorthin!»

«Eben darum.»

30

«Und wenn sie uns sehen?»

«Können sie im Nebel nicht.»

«Denkst du?»

«Aber sicher!»

«Sollen wir?»

«- - - - - - - -?»

«- - - - - - - -!!!»

Ganz vorsichtig schlichen die beiden aus der Höhle.

Naga und Nascha spitzten ihre Ohren.

«Hörst du etwas?»

«Jaja», piepste Naga aufgeregt.

«Das ist der Tupo-Häuptling», flüsterte Nascha.

«Komm, wir folgen der Stimme.»

Die beiden purzelten über Wurzeln und Steine.

Mit Ketten an den Beinen war das nicht einfach!

Doch sie bissen auf ihre Zähnchen und humpelten mutig

durch den Wald. Lange, lange …

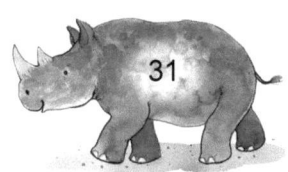

«Das Ungeheuer wohnt im tiefen Weiher», hörten sie den Häuptling brüllen.

«Ua – ua – uAAAAAA», krähten die Tupo-Jungs.

«Es wird kommen!»

«Ua – ua – uAAAAAA!»

«Ihr werdet es anbinden!»

«Ua – ua – uAAAAAA!»

«Wir werden es töten!»

«Ua – ua – uAAAAAAAAAAAAAAAAAAAA!»

Zitternd vor Angst und Aufregung versteckten Naga und Nascha sich unter einem grossen Blatt.

«Alle in Reih und Glied! – Ruckzuck!», schrie der Häuptling. Naga und Nascha hörten es rascheln und knacken.

«Immer zwanzig stehen aufeinander! – Ruckzuck!»

Naga und Nascha erschraken. «Waaaaaaas? Zwanzig?»

«Alle Oberen mit den Hinterbeinen auf die Schultern des

Unteren! – Ruckzuck!»

«Das ist unmöglich», flüsterte Nascha.

«Pätsch – Pumm – AUA! – Knack – Knick.»

Der Tupo-Turm war eingeknickt.

Der Häuptling tobte vor Wut.

«Wer schreit hier AUA?» brüllte er. «So ein Weichling!»

«Ein Tupo spürt keinen Schmerz! Habt ihr das kapiert?»

«Feldrennen!», befahl er.

Das war die tägliche Mutprobe. Alle fürchteten sich davor.

Der Häuptling und die Alten sassen beim Ziel und heizten

die Jungs mit scharfen Pfiffen an.

«Trrr-trrr-trrrrrrrrrrrrrrrrr, ihr seid zu langsam. – Ruckzuck!»

Ins Feld waren lauter versteckte Löcher gegraben.

Fiel ein Tupo hinein, musste er sofort herauskraxeln und

weiterrennen. – Selbst mit verstauchter Pfote!

Schaffte es ein Junge nicht, bekam er ein gelbes Kreuz

auf den Pelz gemalt.

Das bedeutete: ungenügend!

Kein Tupo wollte ungenügend sein und von den anderen ausgelacht werden.

Die nächste Übung hiess «Schwanzziehen».

Je zwei Tupo hakten sich gegenseitig an ihrer äussersten Schwanzspitze ein. Dann mussten sie mit aller Kraft in die entgegengesetzte Richtung ziehen.

«Nicht so fest!»

«Schwächling!»

«Ha, ich bin stärker als du!»

«Im Ziehen bin ich besser!»

«Idiot! – Du reisst mir den Schwanz aus!»

Naga und Nascha zerplatzten fast vor lauter Lachen als sie es hörten.

Das Blatt über ihnen bewegte sich – und segelte davon.

Entsetzt sprangen die beiden auf.

«Schnell, schnell, bevor jemand kommt.»

«Uuuu», stöhnte Nascha, «uuu uuuuuu.»

Die Kette hatte ihr Beinchen verletzt.

Es blutete und blutete.

«Abtreten!», hörten sie den Häuptling schreien.

«Wir müssen dich verbinden», sagte Naga.

«Womit?»

«Ich suche einen Grashalm.»

«Ich spucke auf die Wunde. – Das ist wie eine Salbe.»

«So blöd», wetterte Naga leise, «im Nebel kann ich

nichts sehen.»

Sie tastete sich weiter ... und weiter ... noch weiter ...

«Klatsch!» «Klatsch!»

Naga spürte etwas Warmes, Weiches, Pelziges.

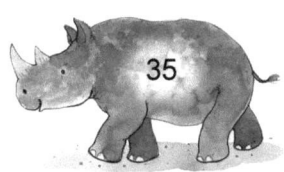

«Donnerwetter! – Du? Hier?»

Nokko fielen fast die Augen aus dem Kopf.

«Das gibt's ja nicht», schnappte er nach Luft. «Ich glaub,
ich sehe Gespenster.»

«Nein, nein, keine Gespenster», winkte Naga ab. «Hilf mir
lieber. Nascha hat sich am Bein verletzt.»

«Ist sie auch hier?», fragte Nokko überrascht.

«Glaubst du etwa, ich wäre ohne sie gekommen?»

«Himmelblitz! Wo ist sie?»

«Dort hinten.»

«Kann sie noch gehen?»

«Weiss ich nicht.»

«Warte!»

Nokko jagte in grossen Sätzen davon, um Nollo zu holen.
Doch als die beiden zurückkamen, konnten sie Naga und
Nascha nicht finden.

36

«Du hast geträumt», sagte Nollo wütend.

«Nein!»

«Es gibt keine so mutigen Tupa!»

«Doch!»

«Das ist unmöglich!»

«Doch, sie waren hier!»

«Mit ihren Ketten an den Beinen?»

«So ist es!»

«Wärst du nicht mein Freund, würde ich dir jetzt eine Ohrfeige geben.»

«Versuchs doch! Aber Achtung, ich schlage zurück!»

«Aufschneider!»

Die beiden guckten einander böse an.

«Still! – Hörst du?», sagte Nokko.

«Ja, ich höre es auch.»

«Das ist die Stimme von Nascha.»

«Und die Stimme von Naga.»

«Sie können nicht weit sein.»

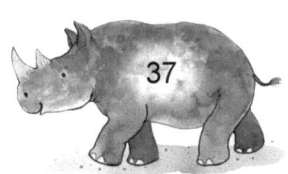

Und so kam es, dass die vier Freunde mitten im dichten Nebel aufeinander trafen.

War das eine Freude!

«Nun aber schnellstens zurück in die Höhle mit euch, ihr zwei verrückten Tupa.»

Die beiden Jungs nahmen die zwei dünnen Mädchen auf ihre fetten Rücken.

«Huiiiiiiiiiiiiiiiiiiiiiiiiiiiii», flitzten sie mit ihnen durch den Wald.

Naga und Nascha hielten sich mit den Pfoten am dicken Pelz der Tupo fest. Sie schlossen glücklich ihre Augen und glaubten fast, sie würden fliegen.

«Huiiiiiiiiiiiiiiiiiiiiiiiiiiiiiiiiiiiiiiiiiiiiiiiiiiiiiiii!»

«Hier sind wir!», lachten Nollo und Nokko. «Absteigen!»

«Ohhh, schon? – Es war wunderschön.»

Die beiden Tupo machten einen kleinen Luftsprung und jagten wieder in den Wald zurück.

38

Um diese Zeit waren die Tupa mit dem Zubereiten des Essens beschäftigt.

«Sie kommen!», rief eine alte Tupa. «Stellt alles schnell vor die Höhle.»

«Es ist noch zu früh!»

«Nein, ich habe Nokko und Nollo gesehen.»

«Unmöglich! Die sind auf dem Übungsplatz.»

«Oh je, oh je», murmelte die Alte, «meine Augen werden immer schlechter.»

Als sie sich umdrehte, sprangen Naga und Nascha mit einem Satz in die Höhle.

«Uff.»

«Uff.»

«Juheeeeeee!»

Die Zeit des Bären

Es wurde Tag und Nacht und Tag und Nacht und tausend
Jahre vergingen wie im Flug – bis zur Zeit des **Bären**.

Naga, Nascha, Nollo und Nokko waren schon lange tot.
Doch es gab zur Zeit des Bären vier neue Freunde.
Sie hiessen **B**aga, **B**ascha, **B**ollo und **B**okko.
Sie waren den früheren Freunden sehr ähnlich,
aber ihr Leben war völlig anders …

Als Baga noch ganz klein war, fragte sie jeden Abend:

«Oma, erzählst du uns eine Geschichte von früher?»

«Ja, bitte», piepsten die kleinen Tupa.

«Ja, ja», pfiffen die Tupo, welche noch zu jung waren

um im Wald zu üben.

Im Dunkeln tappten alle zu Oma hin.

«Vor vielen, vielen tausend Jahren», begann Oma, «da

spielten die Kinder der Tupa-Tupo den ganzen Tag im

Wald draussen.»

«Oh, auch die Tupa-Mädchen?», fragte der kleine Bollo.

«Aber sicher», antwortete Oma. «Meine Ur- Ur- Uroma

hatte es so erzählt, und die hatte es wiederum von ihrer

Ur- Ur- Uroma gehört.»

«Dann stimmt es», tuschelten die Kleinen.

«Zu jener Zeit», fuhr Oma fort, «da gingen die Tupa und

die Tupo fröhlich im Weiher baden.»

«Wirklich?»

«Sie schwammen miteinander um die Wette … »

Baga rief schnell: « … und sie bespritzten sich!»

Bascha kicherte: « … bis sie ganz nass waren.»

«Genau», lachte Oma.

«Das darf man nicht!», pfiff ein kleiner Tupo. «Im Weiher wohnt das Ungeheuer.»

«Psssssssssst», erschraken alle. «Nicht vom Ungeheuer sprechen.»

«Vor vielen tausend Jahren», erklärte Oma, «da wohnte es sehr weit von hier.»

«Aber Oma», staunten alle Kleinen. «Unser Weiher ohne Ungeheuer? – Das gibt`s doch gar nicht!»

«Meine Ur- Ur- Uroma hatte es uns erzählt, und die hatte es wieder von ihrer Ur- Ur- Uroma gehört.»

«Damals», sprach Oma weiter, «da hatte jede Tupa und jeder Tupo eine schwimmende Blume auf dem Weiher.»

42

«Brrrrrr – wozu?»

«Abends schliefen sie darin.»

«Nicht unter der Erde?»

«Nein, auf dem Weiher.»

«Hilfe!»

«Während der Nacht», schmunzelte Oma, «da leuchteten auf dem Weiher tausend winzige Lichter auf.»

Bokko krähte: «Alle streckten ihren langen Schwanz aus der Blume!»

Baga und Bascha kicherten: «Mit dem Schwanz machten sie sich Zeichen.»

«So konnten sie miteinander sprechen», nickte Oma.

«Wie lustig!», jauchzten die Kleinen.

«Oma, aber warum Lichter?», fragte Bascha.

«Wenn sich zwei sehr lieb hatten», flüsterte Oma, «gab es beim Berühren ihrer Schwanzspitzen kleine Funken.»

«Ahhhhhhhh!» «Ohhhhh!»

43

«Aber Oma, wie geht das?», fragte Bollo. «Nur wir haben einen langen roten Schwanz, die Tupa nicht.»

«Vor vielen tausend Jahren hatten alle Tupa-Tupo lange rote Schwänze», erklärte Oma.

«So lustig!»

Jeden Abend mussten die Tupa-Omas Geschichten von früher erzählen. Die kleinen Tupa und die kleinen Tupo kannten schon jedes einzelne Wort auswendig.

Doch niemand verriet es den anderen. Alle dachten, es sei ihr eigenes Geheimnis.

Dann kuschelten sich die Kleinen eng aneinander.

Im Schlaf träumten sie vom Spielen im Wald, vom Weiher ohne Ungeheuer, von Blumenhütten und von den winzigen Lichtern, die auf dem Weiher aufblitzten.

44

Ein König

Das Tupa-Tupo-Land hatte sich sehr verändert.

Es gab nun einen Tupo-König

und Tupo-Minister

und Tupo-Richter

und Tupo-Polizisten.

Gab es eine Tupa-Königin?

Oder Tupa-Ministerinnen?

Oder Tupa-Richterinnen?

Oder Tupa-Polizistinnen?

Nein!

Die Tupo hatten die GANZE Macht an sich gerissen.

Weil ihre Muskeln viel dicker waren als die der Tupa,

glaubten sie, in allem besser zu sein.

Für sie war es klar: «Alle Tupa-Frauen müssen uns

dienen, Eier legen und die Kleinen aufziehen.»

45

Ihre Aufgabe hingegen war es, das Tupa-Tupo-Land zu regieren und vor dem Ungeheuer zu beschützen, falls es angreifen würde.

Warum hatten sich die Tupa damals nicht gewehrt?
Sie waren doch genauso schlau wie die Tupo!
Sie hätten einfach NEIN sagen müssen!

Vielleicht dachten sie:
«Wir wollen keinen Streit.»
«Warten wir ab.»
«Es sind doch unsere Männer.»
«Sie wollen nichts Böses.»
«Unsere Söhne sind auch dabei.»
«Sie möchten zeigen, wie stark sie sind.»
«Sie wollen bewundert werden.»
«Lassen wir ihnen die Freude.»
«Wir müssen geduldig sein.»
«Es wird nicht ewig dauern.»

Die Tupo hatten diese Friedfertigkeit ihrer Frauen ganz anders verstanden.

Wahrscheinlich dachten sie:

«Sie wehren sich nicht.»

«Die Tupa sind einverstanden.»

«Es gefällt ihnen.»

«Sie glauben, dass wir die Besseren sind.»

«Sie bewundern uns.»

«Sie möchten nicht regieren.»

«Sie wollen unterdrückt werden.»

«Sie finden es gut.»

Diese Gedanken gaben den Tupo grosse Kraft!
In ihrem Machtrausch schlugen sie mit den Schwänzen auf den Waldboden, bis alles zitterte.

«Wir sind die Herrscher», freuten sie sich, «wir befehlen über das ganze Tupa-Tupo-Land!»

47

Ein Tupo krähte: «Zur Waldlichtung!»

«Ja, hurraaa! Alle zur Waldlichtung!»

Seit kurzem gab es dort wieder Graupilze. Ihr scharfer Saft machte die Tupo betrunken. Das fanden sie total lustig, männlich und grossartig.

«Schau, hier, Graupilze!»

«Wo?»

«Hier, hier!»

«Fantastisch!»

Die Tupo stürzten sich in grossen Sprüngen darauf. Genüsslich frassen sie einen Pilz nach dem anderen. Schon nach kurzer Zeit schwindelte es allen im Kopf. Sie kippten um und begannen laut zu schnarchen.

Die Tupa hörten ihr Schnarch-Konzert und dachten: «Geduld, es wird vorübergehen.»

48

Zack-zuck!

Unsere vier Freunde waren jetzt in einem Alter, wo die Tupa-Mädchen und die Tupo-Jungs getrennt wurden.

Damit war für Bollo und Bokko die Höhlenzeit zu Ende.
Sie sollten nun draussen im Wald leben.
Dort mussten die Tupo viele harte Prüfungen bestehen.
Der König und die vielen Minister wollten aus ihnen die stärksten Kämpfer machen.

Bollo und Bokko waren froh, endlich gross zu sein, aber sie hatten auch ein bisschen Angst.
Bollo murmelte: «Sie setzen uns irgendwo im Wald aus.»
«Stimmt», nickte Bokko, «wir sind viele Tage und Nächte ganz allein.»
«Wir müssen üben, noch schneller als die Kokosnüsse zu werden.»
«Ach ja?»

49

«Ich habe gehört, mindestens so schnell, wie sie sind, wenn sie vom Baum fallen.»

«Geht das?»

«Es muss!»

«Und danach?»

«Alle anderen Prüfungen sind noch viel schwieriger.»

«Freust du dich?»

«Halb-halb.»

«Ich will der stärkste Kämpfer werden», sagte Bokko.

«Und ich der allermutigste», antwortete Bollo schnell.

«Viel Glück!»

«Dir auch viel Glück!»

Am Nachmittag desselben Tages wurden Baga, Bascha und alle gleichaltrigen Tupa in die hintersten Gänge der dunklen Höhle gebracht.

Sie durften den Tupo von jetzt an nicht mehr begegnen.

Solange, bis ihre Zeit käme, um Mütter zu werden.

Die Mädchen kauerten still nebeneinander. Ihre Augen mussten sich an die tiefe Dunkelheit erst gewöhnen.

«Baga», sagte Bascha so leise sie konnte, «erinnerst du dich an die Geschichten von früher?»

«Sicherlich», flüsterte Baga, «früher hätten wir uns lustig im Weiher angespritzt.»

«Sogar mit den Jungs», murmelte ein Tupa-Mädchen.

«So schön», tönte es leise aus einer Nische. «Wir wären miteinander auf die Palmen geklettert.»

«Wir hätten sehr viel Spass gehabt», seufzten alle.

«Warum müssen wir uns das gefallen lassen?», fragte Baga plötzlich.

«Sprich nicht so laut.»

«Ich will nicht so wie unsere Mütter werden», fuhr Baga zornig fort.

«Ehrlich?»

«Ja, ich will eine freie Tupa sein.»

51

«Ich auch.»

«Vielleicht ich auch.»

«Leise, leise … »

«Was könnten wir tun?»

«Wir sollten uns wehren.»

«Aber Tupa-Mädchen haben sich noch nie gewehrt.»

«Dann sind wir halt die ersten.»

«Jemand muss anfangen.»

Baga ballte mit ihrer rechten Vorderpfote eine kleine

Faust. Sie streckte sie blitzschnell auf. Zack-zuck!

Bascha hatte es gesehen.

Zack-zuck, tat sie es Baga nach.

Ein Tupa-Mädchen nach dem anderen machte jetzt

das Fäustchen. Zack-zuck! Zack-zuck! Zack-zuck!

«Unser Geheimzeichen», strahlten alle.

Die Zeit des Krokodils

Es wurde Tag und Nacht und Tag und Nacht und tausend
Jahre vergingen wie im Flug – bis zur Zeit des **Krokodils**.

Baga, Bascha, Bollo und Bokko waren schon lange tot.

Doch es gab zur Zeit des Krokodils vier neue Freunde.

Sie hiessen **K**aga, **K**ascha, **K**ollo und **K**okko.

Sie waren den früheren Freunden sehr ähnlich,

aber ihr Leben war völlig anders …

«Kokkoooooo», pfiff Kollo. «Schau, schau, dort vorn!»

«Wow! So viele?»

«Schnell! Wir holen die anderen.»

Die beiden jagten den Weg zurück, bis zum Übungsplatz.
Ausser Atem pfiffen sie mitten in die Übung: «Kommen,
sofort alle mitkommen!»

«WAS?», brüllte der Chef. «Hier befehle ich!»

Kollo stellte sich neben ihn und flüsterte ein paar Worte.
«Pätsch-pätsch», klatschte der Chef mit seinem Schwanz
auf den Boden.
«Übung abgebrochen!», schrie er. «Alle hinter Kollo und
Kokko her. – Ruck-zuck!»

«Dort! Seht ihr sie?», riefen Kollo und Kokko.

«Wo, wo?»

«Hinter dem Bach!»

54

«Wo, hinter dem Bach?»

«Verrückt!» jubelten alle.

«Wahnsinn!!!!»

Vor den Augen der Tupo öffnete sich ein riesiges Feld von Graupilzen. So grosse und saftige, wie sie noch nie gesehen hatten.

Kokko kletterte flink auf eine Palme und krähte: «Weiter hinten gibt`s noch mehr!»

Kollo fragte: «Dürfen wir?»

«Alle in Reih und Glied!», schrie der Chef. «Ruck-zuck!»

Er wartete, bis alle stramm standen.

«Eins, zwei, drei», begann er laut zu zählen, «vier, fünf, sechs, sieben, acht, neun, zehn, elf, zwölf , … , hundert!»

Den Tupo lief schon das Wasser im Mund zusammen.

«Looooos!», brüllte er endlich.

«Hurraaa, hurraaaaaa!», schrien alle.

55

Die ganze Horde brach über das Feld ein.

Sie stürzten sich auf die Graupilze und frassen, fast ohne dazwischen zu atmen.

Es waren die allerköstlichen, die sie je gefunden hatten.

Sie verschlangen so viele – bis sie nicht mehr konnten.

Beim Einnachten brüllte der Chef: «Wir bleiben!»

Kollo lag schon ausgestreckt unter einem Pilz. Er hatte die Augen zu, plapperte und strampelte mit den Beinen.

Kokko wurde es immer leichter und fröhlicher im Kopf.

«Komisch», staunte er, «ich kann fliegen!»

Dann sank auch er in tiefen Schlaf.

Die beiden Freunde waren nicht die einzigen.

Rundum lagen dösende und betrunkene Tupo.

Viele lachten, andere pfiffen oder quasselten vor sich hin.

Der Chef schnarchte und wedelte mit dem Schwanz, als ob er ein junger Dackel wäre.

Die Grünen

Kokko schielte zu Kollo hinüber.

«Du bist grün geworden», kicherte er und nickte sofort

wieder ein.

Der Chef schnarchte und schnarchte.

Kollo öffnete sein linkes Augen.

«So komisch», staunte er, «alle sind grün geworden.»

In diesem Moment umschlang ein knallgelber Ringel-

schwanz seine Schnauze. – Kollo wollte sich befreien.

Er schlug mit seinem Schwanz wie wild um sich.

«Kollo, wo bist du?», lallte Kokko im Halbschlaf.

Sein Freund antwortete nicht.

«Haha, stell dir vor, ich sah einen grünen Tupo.»

Keine Antwort.

Kokko richtete sich auf. Er schaute zu Kollo.

Oh Schreck!

57

Kokko wollte nicht glauben, was er sah.

Er stierte nochmals hin.

Hinter jedem Pilz stand ein grüner Tupo!

«Träume ich? Bin ich betrunken?»

Eine riesige Schar grüner Tupo kam langsam auf ihn zu.
Sie kreisten ihn ein. Mit höhnischen Augen musterten sie
ihn von oben bis unten. Ihre knallgelben Ringelschwänze
kreisten wie Lassos durch die Luft.

Kokko pfiff seinen schärfsten Pfiff.

Der Chef sprang aus dem Schlaf.

«Ruhe!», rief er wütend. «Ruhe!»

Er wurde stocksteif!

Er starrte zu Kollo.

Er starrte zu Kokko.

Er starrte zu den grünen Tupo.

«Gefahr!», brüllte er so laut er konnte. «GEFAHR!»

Alle erwachten, schnellten auf – standen stramm.

58

Noch nie in ihrer Geschichte waren blaue und grüne Tupo
aufeinander gestossen.

Sowohl die Blauen, als auch die Grünen dachten immer,
sie seien die einzigen auf der Welt.

«WEG!», schrien die Grünen voller Abscheu.

«Weg mit euch!», schrien die Blauen.

«Der Wald gehört uns!»

«UNS!»

«Nein, uns – seit Millionen Jahren!»

«Nein, uns – seit immer!»

«Wollt ihr den Kampf?»

«Einen fürchterlichen Kampf!», rief der Chef der Blauen.

«Einen entsetzlichen Kampf!», rief der Chef der Grünen.

«Bei Vollmond!», schrien die Grünen.

«Bei Vollmond!», schrien die Blauen.

Vor lauter Kampfeslust standen allen ihre Pelzhaare zu
Berge.

Auf dem Nachhauseweg brüllte der Chef:

«Sie wollen unseren Wald stehlen!»

«Kampf – Hurra!», krähten die Jungs.

«Sie wollen unsere Höhlen stehlen!»

«Kampf – Hurra!»

«Sie wollen unsere Frauen und Kinder stehlen!»

«Kampf – Hurra!»

«Wir kämpfen für unser Tupa-Tupo-Land!»

«Kampf – Hurra!»

«Für unsere Tupa-Tupo-Kinder!»

«Kampf – Hurra!»

«Für unsere Tupa-Frauen!»

«Kampf – Hurra!»

«Bis in den Tod!»

«Bis in den Tod!», schrien alle voller Übermut.

Bei Vollmond

Die Tupa winkten den kampfeslustigen Tupo so lange nach, bis sie hinter den Bäumen verschwunden waren.

Alle seufzten:

«Hoffentlich kommen sie bald wieder.»

«Was wird mit uns geschehen?»

«Was machen wir ohne sie?»

«Wer hilft uns?»

«Wir müssen uns selber helfen», sagte Kascha mutig.

«Ja, wir haben keine andere Wahl», nickten alle anderen, «sonst verhungern wir.»

Kaga kraxelte auf einen Stein.

Sie ballte mit ihrer rechten Vorderpfote eine kleine Faust.

«Zack-zuck!», rief sie. «Zack-zuck, wir schaffen das!»

Die Tupa schauten überrascht zu Kaga hinauf.

61

Nach einer kurzen Pause machten eine Tupa nach der anderen ein Fäustchen.

«Zack-zuck», antworteten sie.

Zuerst nur zögernd, dann immer mutiger: «Zack-zuck! Zack-zuck, wir schaffen das!»

Nun sprudelte es nur so aus ihnen heraus.

«Das Wichtigste ist, dass wir zum Platz mit den Kokospalmen kommen.»

«Ohne Kokosnüsse können wir nicht überleben.»

«Stimmt.»

«Doch die Helligkeit tut unseren Augen weh.»

«Dann suchen wir in der Nacht.»

«Gut überlegt!»

«Wie gehen wir vor?»

«Wir machen eine lange Reihe.»

«Wie eine Ameisenstrasse.»

«So geht niemand verloren.»

«Genau, das machen wir.»

«Sollen wir es versuchen?», fragten die Tupa-Mädchen und stellten sich sofort hintereinander.

«Warum eigentlich nicht? Wir haben jetzt keine Zeit zu verlieren.»

Eine besorgte Tupa-Mutter rief: «Schneidet ihnen zuerst die Ketten auf!»

«Die Ketten? – Das geht doch nicht!»

«Warum nicht? Müssen sie den Tupo jetzt gefallen?»

«Die ziehen in den Kampf.»

«Also?»

Wie im Chor begannen alle Tupa-Mütter zu murmeln: «Ketten weg, Ketten weg, Ketten weg, Ketten weg … »

Und so geschah das Undenkbare!

Den Tupa-Mädchen wurden die Ketten aufgeschnitten.

So etwas hatte es noch nie gegeben!

Was für eine Aufregung!!!

63

«Bäääää bääääääääääääääääää!»

Vom fröhlichen Lachen und Schreien waren alle Babys aufgewacht. Sie weinten herzerweichend. Kaum hatten hundert aufgehört, machten die nächsten hundert weiter.

«Bää bääää bäää bääää bäääääääää!»

«Holt sie vor die Höhle.»

«Ist das nicht gefährlich?»

«Hier haben sie es schöner als im Dunkeln.»

«Trrrrr, jujuuuu, trrrr», sang eine Nachtigall.

«Schschschschsch», rauschten die Blätter.

Alle Mütter holten ihre Babys.

Sie betteten ihre Lieblinge ins weiche Moos.

«Trrrrr, jujuuuu, trrrr, kriiiiiii, trrrrrrrrrr, jujuu.»

«Schschschsch schsch schschschschsch.»

Die Babys spitzten ihre winzigen Öhrchen.

Keines weinte mehr.

64

Kokosnüsse

In der Zwischenzeit waren die Vordersten der langen
Tupa-Reihe bei den Kokospalmen angekommen.

«Auweia!», erschraken sie.

«Sind Palmen so hoch?»

«Die reichen ja bis zum Himmel.»

«Ich sehe Nüsse!», krähte Kascha.

«Ich auch!»

«Es sind viele!»

«Riesige Nüsse!»

«Wie holen wir sie herunter?»

«Ich kann das», sagte Kaga und nahm Anlauf.

Hopp, hopp! Schon hing sie am Palmenstrunk.

Kascha rief: «Klettere langsam! Du könntest fallen!»
Das hätte sie gar nicht sagen müssen. Kaga kam mit
ihren verkümmerten Beinchen sowieso kaum vorwärts.

65

«Es dauert sehr lange, bis sie oben ist», tuschelten die anderen besorgt.

«Hat Kaga so viel Kraft?»

«Wie kann sie eine Nuss abbeissen?»

«Allein ist das unmöglich.»

«Wir müssen ihr helfen.»

«Wer klettert mit?»

«Ich nicht.»

«Ich auch nicht.»

«Wenn Kaga es nicht schafft, dann schafft es niemand.»

«Pumm.»

«Das UNGEHEUER!!!!!!!!!!!!!!!!!»

«Knack, knick, schschschhhhhhhhhhhh.»

Alle Tupa waren verschwunden.

«Pummmm.»

«??????????????»

«Juheeeeeeeeee!», jubelte es unter dem raschelnden Laub hervor. «Eine Kokosnuss!»

«Juheee, eine Kokosnuss!», ging es wie ein Lauffeuer durch die ganze lange Reihe.

Alle Tupa krochen hervor und bestaunten die grüne, aufgeplatzte Schale. Sie konnten das weisse Innere der Nuss sehen.

«Mmmmmm, mampf, mampf.»

«Schaut, hier liegt noch eine. – Oh, hier noch eine!»

«Es ist wie ein Wunder. Die Nüsse fallen von selbst herunter!»

«Hihihihiiiiiiiii, das haben uns die Tupo nicht verraten.»

«Was?»

«Dass Kokosnüsse suchen so einfach geht.»

«Wie können wir sie in die Höhle bringen?»

«Sehr schwierig … »

«So stark wie die Tupo sind wir nie.»

67

Kascha hatte eine fabelhafte Idee.

«Wir zerbeissen das Nussfleisch und geben die Stücke

der Reihe nach weiter.»

«Prima! Wir haben spitze Zähne.»

«Warum ist dir das eingefallen?»

«Wegen den Ameisen.»

Sofort fingen die ersten mit Aufknacken an.

Die nächsten verkleinerten die Stücke.

Die nächsten gaben sie von links nach rechts.

Die nächsten ebenfalls ... und so fort.

Die Bissen wanderten mühelos durch den ganzen Wald.

Hmmmmm, gegen die Höhle hin wurden sie aber kleiner

und kleiner.

Warum wohl?

Hatten vielleicht alle ein bisschen daran geknabbert?

Könnte ja sein!

Trotzdem türmte sich ein grosser Berg vor der Höhle auf.

«Wir sind gerettet!»

«Bravo!», riefen die Tupa-Mütter den Heimkehrenden zu.

«Das habt ihr grossartig gemacht.»

Die Tupa-Mädchen hüpften und tanzten um ihren weissen,

riesigen Kokosberg.

«Julidulidu juhuuuu!»

«Ich möchte auch tanzen», lachte eine Tupa.

«Ich auch.»

«Du auch?»

«Das gibt's doch nicht!»

«Was?»

Eine Tupa-Mutter schnitt sich die Ketten auf!

Jetzt noch eine ... und noch eine.

Sogar die Tupa-Omas taten es!

Sie schüttelten ihre Pfoten und versuchten aufzustehen.

69

«Ich kippe um!»

«Oh jemine!»

«Meine Beine zittern.»

«Ach, wie lustig! Ich kann die Beine auseinanderstrecken!»

«Komisches Gefühl.»

«Tanzen muss ich erst noch lernen.»

«Und ich das Laufen.»

«Ich will es auch versuchen.»

«Soll ich dich stützen?»

«Komm schnell!»

Alle humpelten oder torkelten zum Kokosberg. Noch vor Sonnenaufgang frassen sich Gross und Klein so voll, wie das früher nur die Tupo durften.

«Hehe heheeee», witzelten alle, «auch das können wir.»

70

Warum?

Die Tupa-Mädchen mussten immer von neuem erzählen, wie die Nüsse heruntergefallen waren.

«Wir dachten, es wäre das Ungeheuer», berichteten sie.

«Das Ungeheuer?»

«Ja, das Ungeheuer.»

«Wir sollten nicht von ihm sprechen», sagte eine Tupa vorsichtig, «das ist zu gefährlich.»

Alle verstummten.

«Woher wissen wir», fragte Kaga aufmüpfig, «was das Ungeheuer frisst?»

«Von früher, von ganz, ganz früher», flüsterte die älteste Tupa und nickte dazu.

«Wurde es wirklich gesehen?», stocherte Kascha weiter.

«Das ist nicht überliefert.»

«Warum wissen wir dann, wie es aussieht?»

«Frag nicht so viel.»

«Ich will es aber wissen!»

Kaga, Kascha und ihre Freundinnen konnten jetzt nicht mehr schweigen.

«Warum glühende Augen?», riefen sie.

«Warum einen saugenden Rüssel?»

«Warum wissen wir, was es will?»

«Psssst! Von früher, von ganz, ganz früher.»

«Vielleicht ist es nicht böse», sagte der kleinste Tupo.

«Schweig sofort, sonst kommt es und frisst dich auf!»

Der Kleine liess sich nicht einschüchtern.

«Wir müssen fragen, was es möchte», sagte er trotzig.

Diese Idee brachte alle zum Lachen. Sogar die älteste Tupa musste laut herauslachen. Noch nie hatte jemand so furchtlos vom Ungeheuer gesprochen.

72

Kascha flüsterte zu Kaga: «Soll es doch kommen.»

«Ja, hoffentlich», murmelte Kaga.

«Ich will endlich wissen, wie dieses Biest aussieht.»

«Ich auch», kicherte Kaga.

Doch das Ungeheuer kam nicht.

Es rührte sich nicht einmal!

Der Weiher blieb ganz still.

Nicht eine einzige Welle war zu sehen.

Das Leben der Tupa wurde mit jedem Tag lustiger, bunter und spannender.

Manchmal vermissten sie die Tupo, aber ihre Freude an der neuen Freiheit gab ihnen Kraft.

So vergingen drei Jahre, bis zum Tag, an dem der Kampf vorüber war.

73

Nach dem Krieg

Von den stolzen Tupo-Kämpfern kam nur ein elender
Haufen zurück. Die meisten waren verletzt oder sogar
verstümmelt. Viele blieben zurück, weil sie im Kampf
getötet worden waren.

«Oh wehhhh!», schrie Kascha. «Bist du es wirklich?»
Kollo humpelte ihr entgegen. Sein rechtes Vorderbein
lahmte und seine rote Schwanzspitze war abgerissen.

«Wo ist Kokko?», rief Kaga voller Angst.
Sie suchte die ganze Reihe der Tupo ab.
Kaga schüttelte es vor Entsetzen. Die Tupo sahen ganz
ausgehungert aus. Ihre blauen Pelzhaare waren zottig.
Dazwischen schimmerten eiternde Hautflecken hervor.
«Kaga!»
«Kokko!»
Die beiden fielen sich in die Pfoten.

74

«Bist du aber dick geworden», lachte Kokko.

«Bist du aber dünn geworden», lachte Kaga.

Überrascht schauten die anderen Tupo auf ihre Frauen.

Die Tupa waren ohne Beinketten!

Die Tupa hatten lange Haare!

Die Tupa hatten starke Schwänze!

«So was, nein so was», dachten sie.

«Kommt!!!», pfiffen ihnen die Tupa und zeigten auf den

riesigen Kokosberg.

«Uuuaaa!», schrien die Halbverhungerten. «Uuaaaaa!»

Sie stürzten sich darüber und frassen, bis ihre Bäuche

ganz dick waren. – Dann legten sie sich ins Gras und

waren einfach nur glücklich.

Lieb umsorgt bewunderten sie ihre fröhlichen Tupa mit

klopfendem Herzen. Sie lachten und witzelten mit ihnen.

Es war für sie der schönste Tag in ihrem Leben.

75

Die erste Abstimmung

Die Tupa wollten jetzt nicht mehr unter der Erde leben.

Sie wollten keine Ketten mehr tragen.

Sie wollten gemütlich an der Sonne liegen und frei sein.

Kaga und Kascha waren froh über ihren dicken Pelz.

Er schützte sie vor Verletzungen. Sie waren stolz auf

ihren wachsenden, langen Schwanz.

«Hurra, bald können wir uns damit an Palmenblättern

festhalten.»

«Wie die Tupa von früher.»

«Das ist super-maximal-toll!»

Kollo, Kokko und alle andern Tupo hatten die Schnauze

voll vom Kriegen und Kämpfen.

«Wir haben genug davon», sagten sie. «Es hat uns kein

Glück gebracht.»

«Wir müssen ein neues Tupa-Tupo-Land erfinden.»

76

«Eines, in dem alle glücklich sind.»

«Ja, alle», tönte es rundum.

«Die Tupa-Mütter, die Tupo-Väter.»

«Die Tupa-Omas, die Tupo-Opas.»

«Die Tupa-Mädchen, die Tupo-Jungs.»

«Und wer noch?»

«Unsere winzigen Babys!»

Die Tupa-Tupo setzten sich in einen grossen Kreis.

«Jede und jeder darf sich etwas wünschen», schlug

eine Tupa vor.

«Das ist lustig», freuten sich alle.

«Dann stimmen wir ab, ob uns der Wunsch gefällt.»

«Wie das?»

«Die Pfote strecken heisst JA», rief ein Tupo.

«Die Pfote nicht strecken heisst NEIN!»

«Jede Stimme zählt.»

«Auch die der Kinder?»

«Aber sicher! Kinder haben auch gute Wünsche.»

Kollo durfte beginnen und sagte:

«Die Tupo müssen nicht mehr auf den Übungsplatz.»

Die Pfoten wurden gezählt.

«JA! Einverstanden.»

Jetzt war Kascha an der Reihe.

«Die Tupa und die Tupo dürfen genau dasselbe tun!»

Die Pfoten wurden gezählt.

«JA! Einverstanden.»

Kollo überlegte lange, dann sagte er:

«Niemand darf über das Tupa-Tupo-Land befehlen!»

Die Pfoten wurden gezählt.

«JA! Einverstanden.»

Kaga rief so laut sie konnte:

«Alle Tupa und alle Tupo sind frei!»

Die Pfoten wurden gezählt.

«JA! Einverstanden.»

Nun kamen die Wünsche so schnell wie aus einer Pistole:

«Allen gehört alles.»

«Alle helfen allen.»

«Alle spielen mit allen.»

«Alle dürfen Graupilze fressen!», rief eine winzigeTupa.

«NEIN! Nein! Nicht einverstanden! – Graupilze sind nur

für die Erwachsenen.»

«Oh, wie schade», kicherten die kleinen Tupa und Tupo.

Es ging weiter:

«Niemand muss der Mutigste sein.»

«Niemand darf Angst machen.»

«Niemand muss einem anderen dienen.»

«Wir suchen miteinander die Kokosnüsse.»

«Wir teilen das Fressen.»

«Wir klettern auf Palmen und segeln durch die Luft.»

Es ist fast unmöglich, jeden Wunsch niederzuschreiben.

Aber hier noch der letzte und wichtigste von allen:

«Wir stimmen miteinander ab,
wenn wir etwas verändern möchten.»
«JA! JA! JA! Einverstanden.»

Alle hielten sich daran.

Schon in kurzer Zeit wurde aus
dem Tupa-Tupo-Land wieder eines
der glücklichsten Länder der Welt.

Und was geschah mit dem Ungeheuer?

Kaum zu glauben! – Es verhielt sich ganz, ganz ruhig.

Der Wald zitterte nie wieder!

Warum wohl?

Die heutigen Forscherinnen und Forscher studierten

viele Jahre an diesem Rätsel herum. – Vor kurzem

haben sie etwas sehr Interessantes herausgefunden.

In ihrem wissenschaftlichen Bericht steht:

Vor vielen Millionen Jahren, zur Zeit des Mammuts,

hatte es ein SCHRECKLICHES Erdbeben gegeben.

Wer weiss?

Vielleicht war es damals gar kein Ungeheuer gewesen?

Noch etwas:

Falls ihr nachts bei einem Seerosenweiher seid, schaut

bitte, ob es darauf funkelt. Das wäre der Beweis, dass

die Tupa-Tupo wieder in Blumenhütten wohnen.

Kein Märchen

Von Frauen, Männern und Kindern in unserem Land

Bei den Menschen verlief die Geschichte zwischen Frauen, Männern und Kindern ähnlich, wie früher im Tupa-Tupo-Land.

Ja, ehrlich!

Möchtet ihr alles darüber wissen?

Geht leider nicht. – Ihr müsstet etwa 6000 Seiten lesen!!!

Steigen wir lieber dort ein, wo Baga mit ihrer kleinen Pfote eine Faust ballte. Zack-zuck!

Die Frauen lebten damals im Haus und ums Haus herum.

Ihre Aufgabe war es, Kinder gross zu ziehen und sich um den Haushalt zu kümmern.

Sie mussten kochen, putzen, flicken, stricken, waschen, bügeln, pflegen, gärtnern und so fort.

Falls ihr Mann einen Bauernhof oder ein Geschäft hatte, arbeiteten sie auch noch für ihn.

Die Männer verbrachten den Tag ausserhalb des Hauses.

Ihre Aufgabe war es, das Geld für die Familie zu verdienen.

Einmal im Jahr gingen sie für ein paar Wochen ins Militär.

Dort mussten sie lernen die Schweiz zu verteidigen, falls das Land angegriffen würde.

Der Beruf eines Mannes war sehr wichtig! – So wichtig, dass die Frauen oft nicht mit ihrem Namen angesprochen wurden, sondern mit dem Beruf ihres Mannes.

Die Frau des Arztes wurde eine Frau Doktor, obwohl sie nie einen Patienten behandelt hatte.
Die Frau des Professors wurde Frau Professor.
Die Frau des Schuhmachers wurde Frau Schuhmacher.
Die Frau des Metzgers wurde Frau Metzger.
Die Frau des Hirten wurde Frau Hirt.

Das Gegenteil kam aber nicht vor!
Es gab keinen Herr Hausfrau und keinen Herr Kranken-schwester. Der Beruf einer Frau war nicht wichtig genug.

Damals stand im Gesetz geschrieben:
Der Mann ist das Oberhaupt der Familie.
Die Frau ist seine Gehilfin.
Sie muss ihm gehorchen und den Haushalt führen.

Selbst wenn ein Mann seine Frau schlecht behandelte, musste sie fast immer bei ihm bleiben.

Starke Frauen, wie Baga und Bascha bei den Tupa-Tupo, wollten dieses ungerechte Gesetz verändern.

«Wie gehen wir vor?», überlegten sie miteinander.

«Ein Gesetz kann in der Schweiz durch eine Abstimmung verändert werden.»

«Aber Schweizerinnen ist es verboten abzustimmen … »

«Warum eigentlich?», fragten sie sich. «Im Gesetz sollte unbedingt stehen, dass auch Frauen abstimmen dürfen.»

«Aber so steht es nicht drin!»

«Wir sollten es einfach verlangen.»

«Wie?»

Jetzt sprachen alle durcheinander:

«Wir müssen noch mehr Frauen sein.»

«Wir schreiben einen Brief an die Regierung.»

«Wir erklären ihnen, dass wir das Stimmrecht wollen.»

«Wir verlangen eine Abstimmung darüber.»

«Sehr schwierig», dachten alle. «Die Männer müssten JA dazu sagen.»

Das würde wahrscheinlich hundert Jahre dauern», meinte eine Frau nachdenklich.

«Dann sind wir schon alle tot», sagte eine andere Frau.

«Trotzdem!»

«Jemand muss anfangen.»

«Sonst bleibt alles wie immer.»

«Stimmt.»

«Wir tun es!»

Kurz darauf schrieben 139 Frauen einen sehr mutigen und intelligenten Brief. – Sie schickten ihn an die Regierung.

Und was geschah dort?

NICHTS!

Die Männer nahmen diese Frauen nicht ernst!

«Warum wollen Frauen mitreden?», diskutierten sie.

«So etwas gab es bei uns noch nie.»

«Das Frauenstimmrecht?»

«Nicht in der Schweiz!»

«Was fällt diesen Weibern eigentlich ein?»

Dieser Brief der 139 Frauen

ging später in die Geschichte der Schweiz ein.

Er war der allererste Schritt

auf dem langen Weg

zur Gleichheit

zwischen Frauen und Männern.

Zwei Kriege

Es wurde Tag und Nacht und Tag und Nacht und die Zeit verging wie im Flug – bis die vier schwierigen Jahre des Ersten Weltkrieges kamen, bis die sechs bösen Jahre des Zweiten Weltkrieges kamen.

Überall war grosse Not!
In den Ländern rund um die Schweiz fielen Bomben.
Die Männer kämpften weit weg von zu Hause.
Ihre Frauen mussten sehr erfinderisch sein.
Ähnlich wie die Tupa zur Zeit des Krokodils.

Jetzt merkten diese mutigen Frauen, dass sie genauso viel konnten wie ihre Männer.
Nein! Von nun an wollten sie nicht mehr gehorchen und dienen. Sie wollten mitbestimmen.

Als der Krieg vorüber war, erhielten die Frauen in diesen Ländern das Stimmrecht.
(Falls sie es nicht schon von früher her hatten.)

In der Schweiz kam der Feind nicht bis ins Land hinein.

Es fielen keine Bomben.

Aber die Menschen hatten jeden Tag sehr grosse Angst.

Das Leben wurde auch hier immer schwieriger.

Die Männer waren oft im Militär.

Ihre Frauen mussten vieles selber machen.

Doch als der Krieg vorüber war, bekamen die Frauen in der Schweiz das Stimmrecht nicht geschenkt.

Die Regierenden meinten:

«Das Frauenstimmrecht kann warten.»

«Warum sollen Frauen mitreden?»

«Es ist doch gut, wie es ist.»

«Um ganz sicher zu sein, könnten wir die Männer fragen.»

«Guter Vorschlag.»

«Jeder Schweizer Mann darf JA oder NEIN dazu sagen.»

«In einer Volksabstimmung?»

«Ja, richtig!»

«Das braucht viel Zeit.»

«Umso besser!»

Die Regierenden liessen die Frauen

warten und warten ...

Mutige Schweizerinnen schlossen sich

in Frauenvereinen zusammen.

Gemeinsam waren sie stärker,

um das Stimmrecht zu verlangen.

Vierzehn Jahre lang mussten sie sich gedulden,

bis es zur Abstimmung kam.

Frauenstimmrecht:

JA oder NEIN?

1959

Das Jahr der ersten eidgenössischen Volksabstimmung über das Frauenstimmrecht.

Drei Hausfrauen

In einem Häuserblock, am Rande der Stadt, sassen drei Frauen im Wohnzimmer. Sie tranken heissen Milchkaffee, strickten Socken und plauderten miteinander.

Frau Schafhirt sagte: «Seit dem Krieg hat sich so vieles verbessert! Jetzt haben auch wir Zentralheizung. Früher war das Heizen mit Kohle sehr mühsam. Ich hatte immer schwarze Finger.»

«Es geht uns gut», schmunzelte Frau Müller. «Wir haben sogar Zeit eine Pause zu machen, um Kaffee zu trinken.»

«Die Männer tun das auch», lachte Frau Metzger.

«Warum sollten wir nicht?», meinte Frau Schafhirt. «Hausfrauenarbeit ist auch Arbeit.»

«Nur werden wir leider dafür nicht bezahlt!»

«Die beste Erfindung», freute sich Frau Metzger, «ist mein neumodischer Mixer. Mein Mann hat ihn mir zum Geburtstag gekauft. – Er liebt alle neuen Erfindungen!»

«Das würde mein Mann nie tun», sagte Frau Schafhirt.
«Nicht so schlimm», überlegte Frau Metzger, «du kannst deine Suppen bei mir mixen, wenn du willst.»
«Oh, sehr gerne, danke!»

«Gestern habe ich gehört, im hinteren Nachbarsblock soll eine automatische Waschmaschine installiert werden», erzählte Frau Müller.
«Ach ja?», staunten die beiden anderen. «Wie funktioniert so etwas?»
«Mein Mann erklärte mir, dass man nur Waschpulver in die Maschine geben muss. Mit einem Knopfdruck ginge dann alles vollautomatisch. Am Schluss wäre die Wäsche sauber und ausgewrungen.»

«Das kann ich nicht glauben! – Die Kleider bekommen bestimmt Löcher», erklärte Frau Schafhirt.
«Davor haben die aus dem Nachbarsblock auch Angst»,

erwiderte Frau Müller, «aber die Männer haben den Kauf in einer Sitzung beschlossen.»

«Und wir Frauen müssen gehorchen – so wie immer», nickten alle drei.

«Etwas ganz anderes», sagte Frau Metzger, «habt ihr es auch in der Zeitung gelesen? – In Deutschland hat eine Frau den Führerschein gemacht. Und sie ist ganz allein auf der neuen Autobahn gefahren.»

«Ohhhhh! War ihr Mann einverstanden?»

«Das ist in Deutschland jetzt nicht mehr nötig. Sie haben das Gesetz geändert.»

«Was? Ich kanns kaum glauben!»

«Es kommt noch viel besser! – Wegen des neuen Gesetzes können die Frauen dort sogar eigenes Geld haben.»

«Ehrlich?»

«Ja!»

«Bist du sicher?»

«Ja, ja! Sie müssen es ihrem Mann nicht einmal sagen.»

«Hahahaaaa», lachten alle drei, «eigenes Geld und einen Führerschein! – Das möchten wir auch haben!»

«Wieviel Uhr ist es?»

«Halb zwölf.»

«Was? Schon?»

«Oh je, ich muss in die Wohnung», erschrak Frau Schafhirt. «In einer Stunde kommt mein Mann. Er will sein Essen auf die Minute genau auf dem Tisch haben. Sonst gibt er mir für den nächsten Monat weniger Haushaltsgeld.»

Sie eilte die Treppe hinunter.

«Ach, die Arme», seufzte Frau Müller, «ihr Mann ist so geizig. Er gibt ihr und den Kindern nur einen kleinen Teil von seinem Lohn. Den grossen Teil behält er für sich.»

Frau Metzger antwortete: «Es sollte bei uns auch so sein wie in Deutschland.»

«Genau», nickte Frau Müller, «dann wären wir nicht mehr von den Launen eines Mannes abhängig.»

«Wer weiss?», sagte Frau Metzger. «Vielleicht bekommen wir schon bald das Frauenstimmrecht.»

«Glaubst du wirklich?», erschrak Frau Müller. «Was würde uns das bringen?»

«Dann könnten die Frauen mithelfen, das alte Gesetz zu verändern.»

«So etwas macht mir Angst», murmelte Frau Müller.

«Eigentlich verstehe ich auch nichts von Politik», verriet ihr Frau Metzger, «aber ich würde es gerne lernen.»

«Denkst du, die Männer werden einverstanden sein und JA stimmen?», fragte Frau Müller ängstlich.

«Wahrscheinlich nicht», überlegte Frau Metzger. «Stell dir den Schafhirt vor. Der geniesst es doch, dass er seiner Frau befehlen kann.»

«Sie war vor der Heirat Verkäuferin.»

«Dann könnte sie arbeiten gehen.»

«Und vielleicht eigenes Geld haben!»

«Das würde ihn sehr ärgern.»

«Mein Mann ist nett zu mir», sagte Frau Metzger, «aber ein paar Stunden arbeiten, das möchte ich auch.»

«Erlaubt er es dir nicht?»

«Leider nein! Er denkt, die anderen würden dann glauben, er verdiene nicht genug.»

«Ach, immer dieser Männerstolz!»

«Weisst du, was ich machen würde, wenn ich eigenes Geld hätte?», kicherte Frau Metzger.

«Nein, sag es mir.»

«Ich würde alles sparen … und eines Tages würde ich uns ein Auto kaufen.»

«Ein Auto? Bist du verrückt!»

«Nein! Ich habe gehört, dass es schon bald kleine Autos geben wird, die nicht so teuer sind.»

«Waaaaaas?»

«Sie sagten, alle Familien könnten sich dann ein eigenes Auto leisten.»

«Alle? Auch wir?»

«Ja, ich habe es am Radio in den Nachrichten gehört.»

«Jede Familie ein Auto?», staunte Frau Müller. «Das ist unmöglich! – Man würde es nicht mehr finden können zwischen all den vielen Autos.»

Vier Freunde

Zu jener Zeit gab es vier Freunde.

Yaga und Yascha, die zwei Teenager-Mädchen.

Yollo und Yokko, die zwei Teenager-Jungs.

Sie waren den vier Freunden aus dem Tupa-Tupo-Land sehr ähnlich, doch ihr Leben war völlig anders …

«Hallo!», riefen Yaga und Yascha den beiden Jungs zu.

Sie hatten sich im neuen Selbstbedienungs-Restaurant verabredet – dem allerersten in ihrer Stadt!

Hier fühlten sich auch Jugendliche wohl. Man musste sich nicht mehr von einer Kellnerin oder einem Kellner bedienen lassen.

Die beiden Mädchen nahmen ein Stück Kuchen auf ihr Tablet und schoben es bis zur Kasse.

Yollo und Yokko sassen schon am Tisch. Sie winkten Yaga und Yascha mit grossen Zeichen.

Die beiden Jungs waren bestens gelaunt.

Übermütig zeigten sie den Mädchen ihre gute Probe.

«Warum habt ihr beide dieselbe Note?», staunte Yascha. «Überlege!»

«Ihr habt voneinander abgeschrieben!»

Yokko und Yollo hielten sich den Bauch vor Lachen.

«Freche Kerle», murmelte Yaga. «Bei uns, am Mädchen-Gymnasium, würde so etwas nicht gehen.»

«Oho!», rief Yokko. «Soll das heissen, dass die Lehrer am Knaben-Gymnasium blöder sind?»

«Ja, sicher», lachten die beiden Mädchen. «Ihr und eure Lehrer seid nicht nur blöder, sondern auch unmodern.»

«Witzig, witzig», kicherten die Jungs.

«Unsere Lehrerinnen sind intelligent und total modern», sagte Yaga voller Stolz.

«Ganz besonders unsere junge neue Geschichtslehrerin», schwärmte Yascha.

«Wir hatten eine super-spannende Geschichtsstunde», nickte Yaga.

«O Schreck, Geschichte!», verdrehte Yokko seine Augen.

«So was von langweilig», gähnte Yollo so unanständig er nur konnte.

«Unsere Lehrerin sprach mit uns nicht über eure doofen Männer-Kriege, sondern über das Frauenstimmrecht!»

«Sie ist eine von denen», erklärte Yaga, «die sich für die Freiheit der Frauen einsetzen.»

«Ich bewundere sie», verriet ihnen Yascha. «Wir haben heute so viel gelernt.»

«Und was wäre das?», fragten Yokko und Yollo neugierig geworden.

«Ach? Das möchtet ihr wissen?»

«Dann haltet euch jetzt am Stuhl fest!», warnte Yaga.

Und mit böse blitzenden Augen sagte sie: «In der Schweiz sind Frauen und Männer vor dem Gesetz NICHT gleich!»

«Huch-huch», schnaufte Yollo.

«??? ??», verstummte Yokko.

«Ja, ja, so gemein ist es!», wetterte Yascha. «Die Frauen haben weniger Rechte!»

«Das ist unser Schweizer Gesetz!», zischte Yaga.

«Erzählt mal, was ihr meint», sagte Yollo.

«Erstens», platzte es aus Yaga heraus, «Frauen müssen ihrem Gatten GEHORCHEN!!!!»

«So wie früher ihrem Vater», spöttelte Yascha.

«Steht das wirklich im Gesetz?», überlegten die Jungs.

«Ja! Genau so steht es drin!»

«Zweitens: Falls die Frau einen Beruf hat und heiratet, darf der Mann ihr verbieten, weiter zu arbeiten!»

«Noch besser!», rief Yaga. «Von diesem Tag an muss sie seine Unterschrift haben, um arbeiten zu dürfen!»

«Nicht gut, nicht gut», murmelten Yokko und Yollo.

«Drittens: Eine Frau darf kein eigenes Sparkonto auf der Bank haben!»

«Das heisst», erklärte Yascha, «sie hat kein eigenes Geld!»

«Stimmt», nickte Yollo und wurde ganz verlegen. «Meine Mutter muss meinen Vater immer um Geld bitten, wenn sie sich etwas kaufen will.»

«Meine auch», verriet ihnen Yokko.

«Ohne eigenes Geld», fuhr Yaga wütend fort, «sind die Frauen ganz vom Mann abhängig.»

«Das macht sie zu Dienerinnen», wetterte Yascha.

«Zu Sklavinnen», seufzte Yaga.

«Warum gehe ich ans Gymnasium? Lerne jeden Abend bis spät in die Nacht?», fragte Yascha gehässig.

Yaga lachte böse: «Damit dir dein Mann nach der Heirat sagt, du müssest zuhause bleiben.»

«Und er darf das!», stampfte Yascha mit dem Fuss. «Das Gesetz in der Schweiz ist so!»

«Es braucht unbedingt Frauen in der Regierung», sagte Yaga. «Doch Frauen können nicht in die Regierung gewählt werden, weil sie kein Stimmrecht haben.»

«Noch etwas!», fiel es Yascha ein. «Ich könnte auch niemals Bankdirektorin werden!»

«Warum?», fragten die Jungs.

«Überlegt doch! Eine Bankdirektorin ohne Bankkonto? Da lacht ja ein Esel.»

«Alle Posten», erklärte Yascha genervt, «auf denen viel Geld verdient wird, sind für Frauen verschlossen.»

«So eine Ungerechtigkeit!», rief Yaga. «Für uns bleiben nur die schlecht bezahlten Arbeiten.»

Ganz ernst geworden sagte Yollo: «Frauen und Männer müssen gleich sein vor dem Gesetz.»

«Das ist doch klar!», bekräftigte Yokko. «Wir leben ja nicht mehr wie unsere Urgrosseltern.»

«Als ersten Schritt brauchen die Frauen das Stimmrecht», erklärten Yaga und Yascha.
«Unsere Lehrerin sagte, am 1. Februar würde es darüber eine sehr wichtige Volksabstimmung geben.
Alle erwachsenen Schweizer Männer können dann JA oder NEIN dazu sagen.»

Yaga machte Yascha ein kurzes Zeichen.
Yascha blinzelte ihr zu.
«Kommst du?»

Die beiden Mädchen standen auf.

Sie sagten den Jungs, dass sie auf die Toilette müssten.

Hinter der Tür flüsterte Yaga ganz aufgeregt: «Sollen wir es ihnen sagen?»

«Was?»

«Das mit dem Küssen und so … »

«Bist du wahnsinnig?»

«Ich traue mich auch nicht.»

«Wir sollten ihnen sagen, im Gesetz stehe, dass die Frau ihren Mann küssen muss.»

«Auch wenn sie nicht will!!!!!!!!!!!!»

« … und noch viel mehr als nur küssen», flüsterten die beiden.

«Einfach alles», tuschelte Yascha.

«Das sei ihre Pflicht», nickte Yaga.

«Ihre eheliche Plicht! So stehe es im Gesetz.»

«Nein, so etwas kann ich nicht sagen», gluckste Yaga.

«Ich auch nicht.»

Kichernd und mit roten Köpfen gingen die Mädchen wieder zu den Jungs.

Frau Doktor und Frau Professor

Die beiden Damen tranken miteinander fast jeden Morgen einen Café crème im modernen «TEA ROOM».
Eigentlich hätte man dieses Wort englisch lesen müssen und «Tii ruum» aussprechen.
Doch fast niemand konnte zu jener Zeit Englisch.
Darum sagten alle: «Das Thea romm.»

Die hübsche und sehr junge Frau Professor wurde heute von einer Freundin begleitet.
«Das ist Madame Zoé», sagte sie zu Frau Doktor, «meine Freundin aus Paris.»
«Oh, bonjour Madame.»

Die Pariserin war eine elegante Frau. Sie trug einen Pelzmantel und glänzende Schuhe mit sehr hohen Absätzen.
«Meine Mann lieben diese Schuh», erklärte Madame Zoé, *«aber machen viele Schmerzen.»*
«Was man für seinen Gatten doch alles tut», sagten die beiden anderen und dachten: «Solche Stöckelschuhe will ich sofort auch haben.»

«Für Männer gefallen», säuselte Madame Zoé, *«unsere Urgrossmütter müssen Korsett tragen. Sehr eng! Oh lalaa! Manchmal umfallen, weil nicht Luft.»*

Frau Doktor meinte: «Schönheit muss eben leiden.»

«Oui, oui, aber nur Frau leiden», lächelte Madame Zoé, *«nicht Mann.»*

Sie streifte ihre Stöckelschuhe ab und versteckte sie unter dem Tisch.

«Dafür müssen die Männer das Geld verdienen», sagte die sehr junge Frau Professor.

«Oh lalaaa, oui! Viel Geld, das sein serrrr wichtig.»

Madame Zoé guckte zu ihrer Freundin und flüsterte: *«Du heiraten reiche, reiche Mann.»*

Die sehr junge Frau Professor errötete.

«Meine Mutter sagte mir immer», antwortete sie, «ich soll so schnell wie möglich einen reichen Mann heiraten.»

«Haben Sie nach der Schule sofort geheiratet?», fragte Frau Doktor. «Keinen Beruf gelernt?»

«Ja», nickte die sehr junge Frau Professor, «ich brauche keinen Beruf.»

«Mein reicher Mann», meinte sie zufrieden, «würde mich sowieso nie arbeiten lassen.»

Sie zog einen Brief aus ihrer teuren Handtasche.
«Schaut, das sind unsere Flugkarten nach Rom.»
«Huch», schnappte Frau Doktor nach Luft. «Ihr fliegt nach Italien? Ich bin noch nie geflogen.»

«Ja, mein Mann muss zu einem sehr wichtigen Kongress.»
«Mit Ehefrau?», staunte Frau Doktor.
«Hmmmm», schmunzelte die sehr junge Frau Professor, «Sie kennen doch die Aufgabe der Ehefrau.»
«Die Schönste sein», lachte Frau Doktor, «und elegant neben unserem Mann stehen.»
«So ist es!»

«Das sein fantastisch. Du sprechen mit viel interessante Leut», begeisterte sich Madame Zoé.
«Nein, nein, sprechen tu ich nicht. Mein Mann hat es mir schon seit langem verboten.»
«Warum?»
«Damit ich nichts Dummes sage. – Du verstehst.»

«*Nicht schlimm*», seufzte Madame Zoé leise. «*Dafür du lächeln und schön sein wie Prinzessin.*»

«Und ich werde mir viele neue Kleider einkaufen», strahlte die sehr junge Frau Professor.

«*Andere Sache*», sagte Madame Zoé. «*Ich nicht verstehen. Bei Bahnhof ich haben sehen viele schreckliche Plakate darauf steht: Frauenstimmrecht NEIN!*»

«Leider gibt es hier viele Frauen», erklärte Frau Doktor, «die das Stimmrecht erzwingen wollen.»

«*Ahhh, warum erzwingen?*», rief Madame Zoé überrascht. «*In Frankreich, wir haben schon lang!*»

«Bei uns werden die Männer in einer Woche abstimmen, ob sie es den Frauen geben wollen oder nicht.»

«*Oh, unsere Präsident haben uns geschenkt!*»

«Ich muss jetzt gehen», sagte Frau Doktor. «Mein Mann mag es nicht, wenn ich allzu lange im TEA ROOM sitze.»

«*Oh lalaaa! Au revoir, Madame.*»

«Au revoir.»

Küsschen links, Küsschen rechts …

Die grosse Volksabstimmung

Mehrere Tage vor dieser lange erwarteten Abstimmung bekamen alle erwachsenen Schweizer Männer mit der Post einen Brief zugestellt.

In diesem Brief befand sich ein kleines Heft.
Darin konnten alle nochmals nachlesen, über was genau abgestimmt wurde, und was sie zu tun hatten.

Auf dem farbigen Zettel mussten sie ein JA vermerken, falls sie für das Frauenstimmrecht waren – oder ein NEIN, wenn sie dagegen waren.
In der französischen Schweiz hiess es OUI oder NON, in der italienischen Schweiz SI oder NO.

Am Sonntag, den 1. Februar 1959, gingen die Männer mit ihrer Antwort ins Abstimmungslokal.
Das war meist ein Zimmer im Gemeindehaus, manchmal auch ein Zimmer im Schulhaus.
Frauen und Kindern war an diesem Tag der Eintritt streng verboten!

Beim Eingang mussten die Männer ihren Ausweis zeigen.

Es wurde kontrolliert, ob Sie wirklich Sie selbst waren.

Das wurde auch getan, wenn sich alle bestens kannten.

So war die Vorschrift!

Drinnen standen alle in einer sehr langen Schlange und warteten geduldig, bis sie zur Wahlurne kamen.

Unter Aufsicht liessen alle, schön der Reihe nach, ihren ausgefüllten Zettel in den Spalt fallen.

Keiner der anderen Männer konnte sehen, ob jemand JA oder NEIN gestimmt hatte.

Das ist äusserst wichtig für die Freiheit beim Abstimmen!

Niemand darf einem sagen, für was man stimmen muss.

Alle sind frei!

Im Gasthof Bären

Nach dem Abstimmen gingen die Männer meist in die Wirtschaft nebenan. Sie tranken Bier oder Wein und sprachen miteinander über Politik. Manchmal wurde es sehr laut, weil nicht alle gleicher Meinung waren.

Doch an diesem 1. Februar waren sich im Gasthof Bären alle einig: «NEIN! Kein Frauenstimmrecht! Niemals!»

«Fräulein, eine Runde Bier!», riefen sie froh gelaunt.
«Frauen und Politik!», platzte einer laut heraus.
«Sie verstehen nichts davon!», bestätigten alle.
«Ausländisches Zeug!»
«Stimmt! Die Frau gehört ins Haus!»
«Frauen, die arbeiten, sind keine richtigen Frauen!»

«Wer würde mir sonst das Essen auf den Tisch stellen?», fragte einer. «Soll ich etwa selber kochen?»
«Hahahaaaaa!»
«Wenn Frauen arbeiten, verwahrlosen die Kinder!»
«Sie treiben sich in den Strassen herum!»

«Und sie schwänzen die Schule.»

«Ihre Mutter merkt ja nichts. Sie arbeitet.»

«Fräulein, noch ein Bier!»

«Soll ich etwa meinem kleinen Sohn die Flasche geben?»,
rief ein junger Vater.

«Hohohohohohoho!»

«Oder noch besser – seine Windeln wechseln?»

«Das ist Weibersache!»

«Vielleicht wollen die in Zukunft auch noch Tram- oder
Buschauffeur werden.»

«Heheee, so ein Witz!»

«Das gäbe lauter Tote.»

«Oder Polizist!»

«Denen würde kein Mann gehorchen.»

«Ist ja klar!»

«Ich sage euch, wenn die Weiber das Stimmrecht hätten,
dann würden sie unser Gesetz verändern», warnte einer.

«Glaubst du?»

«Die wollen jetzt auch befehlen!»

«So was! Wollen die vielleicht auch noch Hosen tragen?»

«Ein Bier, Fräulein!»

«Der Mann befiehlt! Die Frau gehorcht!»

«Das war schon immer so.»

«Warum wollen diese Trotzköpfe das Stimmrecht?»

«Uns geht es doch gut in der Schweiz.»

«Sollen die doch machen, was sie wollen.»

«Sie bekommen es sowieso nicht.»

«Bravooo!», riefen alle und stiessen mit ihren Gläsern an.

Es gab aber auch andere Männer. – Solche die an diesem Tag JA gestimmt hatten. Sie wussten, dass Frauen und Männer die gleichen Rechte haben müssen.

Doch es waren wenige, die so dachten.

Leider!

Sie sassen an jenem Tag nicht in dieser Wirtschaft.

Man konnte dort ihre Meinung nicht hören.

Die Wanduhr schlug zwölf.

«Was? Schon Mittag?»

Schnell tranken die Männer ihre Gläser leer.

«Ich muss gehen!»

«Ich auch!»

Alle freuten sich auf den Sonntagsbraten.

Ihre Frauen und die Kinder erwarteten sie schon den ganzen Morgen voller Ungeduld.

Am Sonntag gab es jeweils ein besonders gutes Essen.

Alle bekamen an diesem Tag ein bisschen Fleisch.

An den Wochentagen war das Fleisch meist nur für den Vater – weil er draussen so hart arbeiten musste.

Zur grössten Freude der Kinder gab es am Sonntag sogar ein Dessert!

Viele Frauen hatten zur Feier des heutigen Tages einen Kuchen gebacken.

«Papa kommt, Papa kommt!», schrie es in vielen Familien.

Schnell setzten sich alle brav an den Sonntagstisch und warteten, bis Papa eintrat, und sie endlich mit dem Essen anfangen konnten.

Nein!

Bis spät in die Nacht sassen die Erwachsenen vor dem Radio. Sie wollten das Resultat der Abstimmung erfahren.

Dazu mussten in der ganzen Schweiz alle Urnen aufgemacht werden und die Zettel gezählt.
Wie viele JA? Wie viele NEIN?
Wie viele OUI? Wie viele NON?
Wie viele SI? Wie viele NO?
Das alles geschah unter sehr strenger Aufsicht.

Yaga, Yascha und mehrere Mädchen aus ihrer Klasse warteten voller Ungeduld.
Alle hockten in Yagas Zimmer auf dem Fussboden und starrten auf das Radio.
«Macht schon vorwärts!»
«Habt ihr es endlich?»
«Oh, halt, halt, jetzt fängts an … »

Die Musik hörte auf zu spielen.
Der Sprecher begrüsste höflich alle Zuhörer.

«Und wir?», fragte Yascha überrascht. «Warum begrüsst er uns nicht?»

Der Sprecher las die Resultate jedes Schweizer Kantons mit ruhiger Stimme herunter.
«Nein – Nein – Nein – Ja – Nein – Nein – Nein – Nein Nein – Ja – Nein – Nein – Nein – Nein – Nein – Nein ...»

«Das darf ja nicht wahr sein!», schrie Yaga auf.
«Diese Holzköpfe!», wetterte Yascha.
«Es ist eine Schande», sagte ein Mädchen.
«Die haben Angst vor uns Frauen», kicherte ein anderes.
«Rückständig sind sie!», meinte seine Freundin.
«Frauenfeindlich! Frauenfeindlich!», riefen alle.
«Stell das Radio sofort ab», sagte Yascha. «Ich kanns nicht mehr hören.»

«Chrrrrrr», knurrte Yaga wie eine Löwin, «wartet bis Yollo, Yokko und ihre Freunde erwachsen sind.»
«Dann wollen wir eine neue Abstimmung!», rief Yascha.
«Diese vertrottelten Säcke können dann alle einpacken», lachte Yaga böse.

«Die Jungs würden bestimmt alle JA stimmen», versicherten die anderen Mädchen.

«Das ist doch klar!»

«Haha! Darauf freue ich mich schon.»

Yaga machte mit ihrer rechten Hand eine kleine Faust.
Sie streckte sie blitzschnell auf. Zack-zuck!

Yascha hatte es gesehen.
Zack-zuck, tat sie es Yaga nach.

Die anderen Mädchen taten es ebenfalls.
Zack-zuck! Zack-zuck! Zack-zuck!

«Unser Geheimzeichen», nickten sie sich zu.

Frau Metzger und ihr Mann sassen auch vor ihrem Radio.
Herr Metzger hatte ihr beim Dessert gesagt, dass er ein JA in die Urne geworfen hatte.
Zufrieden dachte Frau Metzger: «Ich habe einen guten, gescheiten Mann. Er weiss was sich gehört.»

Frau Schafhirt konnte ihren Mann nicht fragen. Er hätte sie nur angeschrien. Aber sie war sich ganz sicher, dass er NEIN gestimmt hatte.

«Schade», seufzte sie leise. «Den Kindern und mir wäre es mit dem Frauenstimmrecht besser gegangen.»

Frau Müller war glücklich über das NEIN. Sie hatte Angst gehabt, dass sie vom Abstimmen nichts verstehen würde. «Besser, mein Mann macht das», dachte sie und strickte fleissig weiter.

Die sehr junge Frau Professor lackierte ihre Finger- und Fussnägel. Sie hatte vergessen das Radio anzustellen.

Frau Doktor sass mit ihrem Mann, dem Herrn Doktor, in der schicken Wohnstube. Er diskutierte mit ihr über die Schweiz und das Schweizer Recht.
Frau Doktor hörte ihm stumm und voller Bewunderung zu. Leider verstand sie aus seiner Rede nicht, ob er JA oder NEIN gestimmt hatte.

Lehrerinnen streiken

Zwei Tage später machten die Lehrerinnen vom Mädchen-Gymnasium in Basel einen Streik.

Das war bis jetzt unvorstellbar gewesen!

Alle Zeitungen schrieben darüber.

«UNERHÖRT! Lehrerinnen streiken wegen dem NEIN!»

Yaga und Yascha zerplatzten fast vor Stolz als sie Yollo und Yokko das Bild zeigten.

An jenem Tag versprachen sich die beiden Mädchen, später auch so mutig zu sein wie diese Lehrerinnen.

«Wir werden kämpfen, bis wir das Stimmrecht haben! Versprochen! Zack-zuck!»

Yokko sagte voller Bewunderung: «Ich mache mit! – Weg mit dem alten Quatsch.»

Yollo sprang auf und schrie: «Platz gemacht für uns, die Jugend von heute!»

«Platz gemacht!», riefen alle übermütig. «Ihr werdet noch staunen, was alles geschieht … »

«Liebe statt Kriege!»

Unsere vier Freunde sollten recht bekommen.

Schon bald werden die jungen Leute

die alte Weltordnung umstossen.

1968

Es wurde Tag und Nacht und Tag und Nacht und neun Jahre vergingen wie im Flug – bis zum Jahr 1968.

Damals geschah in der Welt etwas, dass keine erwachsene Person vorausgesehen hatte.

Der Umsturz

Junge Männer, wie Yokko und Yollo, liessen sich ihre Haare bis auf die Schultern wachsen. Sie warfen die gebügelte Hose und den Kittel weg. Auch das weisse Hemd mit der Krawatte.

Voller Lust auf Abenteuer schlüpften sie in die neumodische Jeans. Dazu trugen sie bunte, offene Hemden.

«Freiheit! Freiheit!», riefen sie begeistert.

Die jungen Frauen, wie Yaga und Yascha, verbrannten ihre unbequemen, braven Frauenkleider.

«Weg damit!», jubelten sie. «Wir wollen frei sein!»

Von nun an trugen sie Jeans oder weite, farbige Röcke. Mädchen, die Hippies sein wollten, schmückten sich auch noch mit Blumen.

Miteinander mieteten sie billige Wohnungen und kauften Möbel in der Brockenstube.
So entstanden die ersten WG`s (Wohngemeinschaften).
Junge Männer und Frauen lebten jetzt unter einem Dach, ohne verheiratet zu sein.
Sie kochten zusammen, schliefen zusammen, hörten viel laute Musik, tanzten wild herum und diskutierten nächtelang über Politik.

So etwas hatte es noch nie gegeben.
Es war ein totaler Schock für ihre Mütter!
Es war ein totaler Schock für ihre Väter!
Es war ein totaler Schock für die ALLE!

Diese jungen Menschen waren nicht mehr aufzuhalten!
Sie wollten die Welt verändern.
In lauten Protestzügen liefen sie durch die Strassen und schrien: «LIEBE statt KRIEGE!»

Sie träumten von Gleichheit
zwischen Männern und Frauen,
zwischen Eltern und Kindern,
zwischen Reichen und Armen,
zwischen Schwarzen und Weissen.
Niemand sollte über jemand anderen befehlen dürfen.

In derselben Zeit entstanden mehrere neuartige Schulen.
Die Kinder durften dort tun und lassen, was sie wollten.
Keines wurde bestraft oder geschlagen.

Gleichzeitig kamen viele neue, lustige Spielsachen in die
Verkaufsläden:
Mehrfarbige LEGOS – nicht nur rote oder weisse.
Alle Arten von Plüschtieren – davor hatten die Kinder nur
eine Puppe oder einen Teddybären gehabt.
Witzige Kinderbücher wie Jim Knopf, Pippi Langstrumpf,
Der kleine Wassermann …

Leider tauchten in diesen Jahren auch die Drogen auf.
Aber unsere Freunde hatten nichts davon genommen.
Zum Glück!

Überall kämpften die jungen Menschen

für eine gerechtere Welt.

In der Schweiz sah sich die Regierung

immer mehr gezwungen,

das Gesetz der neuen Zeit anzupassen.

Vorbereitungen

Yaga und Yascha hatten ihr Versprechen nicht vergessen.
Zack-zuck! Zack-zuck!
In Erinnerung an die mutigen Lehrerinnen kämpften sie nicht nur für eine bessere Welt.
Nein! Sie setzten sich auch für das Frauenstimmrecht ein.

Yokko und Yollo halfen ihnen – wie damals abgemacht.

Die beiden jungen Frauen waren tolle Rednerinnen. Sie wurden oft eingeladen, um anderen Frauen zu erklären, warum das Stimmrecht wichtig sei.

An diesem Abend war es im «Gasthof Bären». Dort wo die Männer nach dem Abstimmen oft hingingen.

Der Saal füllte sich mehr und mehr.
Yollo und Yokko waren heute Platzanweiser. Sie zeigten Frau Metzger und Frau Müller galant einen freien Platz.
«Nette Jungs», flüsterten die beiden, «obwohl mit langen Haaren.»

Herr Schafhirt schrie seine Frau an: «Du bleibst zuhause! Verstanden? Diese Weiber setzen dir nur Flausen in den Kopf! Das Frauenstimmrecht? Vergiss es!»
Er knallte die Tür zu und ging in seinen Kegelklub.

Yollo musste die Klappstühle holen. Es gab keinen einzigen freien Platz mehr.

In der hintersten Reihe, neben der Eingangstür, sassen Frau Doktor und die sehr junge Frau Professor.
«Wenn es uns nicht passt», sagten sie sich, «dann gehen wir sofort wieder.»

Es war acht Uhr. Yollo bat die letzten Frauen in den Saal und machte die Tür zu. Yokko überprüfte das Mikrofon beim Rednerpult.

An der Tür klopfte es leise – Oh! Frau Schafhirt schlüpfte als allerletzte herein.

Yaga und Yascha gingen auf die Bühne und begrüssten die vielen Anwesenden.

Begeistert sagte Yascha: «Wenn ihr im Frühling alle nach Bern kommt, um vor dem Bundeshaus zu demonstrieren, wäre das fabelhaft!»

«Wir nicht! Wir kommen nicht!», tönte es aus der rechten Ecke des Saals.
«Ach nein», durchfuhr es Yascha. «Der Verein GEGEN das Frauenstimmrecht ist hier.»

«Dumme Gänse», sagte jemand.
Alle drehten den Kopf.
Frau Schafhirt hielt sich erschrocken die Hände vor ihren schnellen Mund.
Yokko nickte Frau Schafhirt lustig zu.

«Es ist für uns Frauen äusserst wichtig», erklärte Yascha, «dass wir das Stimm- und Wahlrecht bekommen. Nur so können Frauen später in die Regierung gewählt werden.»

«Aber Männer verstehen Politik besser als Frauen!», rief jemand aus der rechten Ecke.
Yascha antwortete: «Wir wollen die Gleichheit von Mann

und Frau. So sind die Menschenrechte.»

Viele im Saal klatschten.

«Doch davon ist das Schweizer Gesetz noch sehr weit entfernt», fuhr Yascha fort. «Uns Frauen sind wichtige Sachen verboten.»

«Nein, so etwas!», entrüsteten sich laut die Gegnerinnen. «Wir sind doch freie Schweizerinnen! Uns kann man nichts verbieten!»

«WAS? Waaas? Habe ich richtig gehört?», rief Yaga und rannte zum Rednerpult.

«Denkt ihr», sagte sie zornig, «meine Urgrossmutter hätte Ärztin werden können? Oder Forscherin? Schriftstellerin? Musikerin? Bildhauerin? Oder gar Politikerin?»

Alle schauten zu ihr hinauf.

«Nein! – Frauen konnten nur in den seltensten Fällen an Universitäten oder Kunstschulen studieren. Diese Ausbildungen waren alle den Männern vorbehalten …

… und das schon seit immer!»

Es wurde ganz still im Saal.

«Was folgt daraus?»

Yaga schaute ins Publikum hinunter.

Niemand antwortete.

«Daraus folgt», sagte sie streng, «dass alle Präsidenten, Besitzer, Forscher, Erfinder, Schriftsteller, Musiker, Maler und so weiter … Männer waren.»

Yaga holte tief Atem.

«Auf Strassen und Plätzen sehen wir all ihre Denkmäler. Im Konzert wird ihre Musik gehört. In den Museen werden ihre Bilder bewundert!»

Yaga schlug genervt aufs Rednerpult und rief:

«Die Kinder müssen ihre Namen auswendig lernen. Männernamen! Immer Männernamen – nie eine Frau!»

Viele im Saal klatschten so laut sie konnten.

An dieser Stelle nahm Yascha das Mikrofon.

«Ja, es ist tatsächlich so», sagte sie unterstützend, «aus diesen vergangenen Zeiten bleibt von den Frauen nur sehr wenig übrig. – Und warum?»

Alle hörten gespannt hin.

«Weil die Frauen für das Vergängliche zuständig waren:

Kinder aufziehen, beten, kochen, putzen, pflegen, gärtnern, ihrem Mann helfen.»

«Das tue ich doch gern», sagte Frau Müller ganz leise in der zweiten Reihe.

Frau Metzger gab ihr einen Stups, aber Yascha hatte es gehört und antwortete: «Wir Frauen müssen endlich aufhören lieb, pflegeleicht und stumm zu sein.»

Sie schaute in die rechte Ecke und meinte: «Vor allem müssen wir aufhören mit dem dummen Glauben, dass wir freie Frauen sind. Fast in ganz Europa haben die Frauen mehr Rechte als wir.»

Nun war Yaga wieder dran.

«In allen Schulklassen», erklärte sie, «sind die Mädchen ebenso intelligent wie die Jungs. Sie zeichnen ebenso schön und sie musizieren ebenso gut.»

Yaga wurde lauter:

«Das heisst, dass unsere Urgrossmütter alles genauso gut gekonnt hätten, wie ihre Männer.»

Yaga schrie:

«Aber das Gesetz verbot es ihnen!»

Langes Klatschen im Saal.

«Was denkt ihr?», fragte sie mit funkelnden Augen. «Wer machte die Gesetze?»

«Die Männer!» «Die Männer!»

«So ist es! Diese Gesetze wurde von Männern gemacht. Darum brauchen wir unbedingt das Frauenstimmrecht! Selbst der dümmste Mann hat bei uns mehr Rechte als die gescheiteste Frau.»

«Eigentlich ein Skandal», sagte Frau Doktor zu der sehr jungen Frau Professor.

«Hmm, darüber habe ich noch nie nachgedacht», antwortete diese überrascht.

«So gut hat es mir noch niemand erklärt», flüsterte Frau Müller zu Frau Metzger.

Frau Schafhirt schlüpfte schnellstens zur Tür hinaus und rannte nach Hause.

Viele im Saal begannen heftig und interessiert mit ihren Nachbarinnen zu diskutieren.

Nur in der rechten Ecke sassen alle steif auf ihrem Stuhl und schwiegen.

Yollo und Yokko gingen auf die Bühne.

«Wie Yascha schon erwähnte», sagte Yollo, «wird es im Frühling in Bern eine riesige Demonstration geben.»

«Gehen auch Männer hin?», fragte jemand.

«Aber sicher!», lachte Yokko. «Es gibt viele junge Männer, die für das Frauenstimmrecht sind.»

«Bravo!», klatschten die Frauen.

«Könnten wir mitmachen?», fragten einige.

«Unbedingt! Je mehr wir sind, desto besser.»

Auf dem Nachhauseweg sagte Frau Doktor zu der sehr jungen Frau Professor: «Sie sehen heute schlecht aus. Fehlt Ihnen etwas?»

«Ja, jaaaaa», fing die sehr junge Frau Professor an zu schluchzen, «mein Mann … »

«Der Herr Professor?»

«Ja! – Er hat andere Frauen.»

«Ach?»

«Noch jüngere als mich.»

Sie stotterte: «Ich bin ihm verleidet.»

«Weinen Sie nicht», sagte Frau Doktor lieb, «wir gehen in unser TEA ROOM. Dort erzählen Sie mir alles schön der Reihe nach.»

Die beiden setzten sich an ihr gewohntes Tischchen.

«Ich weiss nicht mehr ein noch aus», wimmerte die sehr junge Frau Professor. «Es ist schrecklich. Ich möchte von ihm fort. Aber ich kann nicht! Verstehen Sie.»

«Warum?»

«Ich habe keinen Beruf! Direkt nach der Schule heiratete ich ihn. Ich dachte, ich wäre dann für immer reich.»

«Sie armes Kind», streichelte ihr Frau Doktor die Hand und dachte: «So könnte es mir auch ergehen. – Warum habe ich meine Lehre damals nicht fertig gemacht?»

Herr Schafhirt kam spät in der Nacht vom Kegeln zurück. Frau Schafhirt tat so, als ob sie schlafen würde. Doch die Worte von Yaga gingen ihr im Kopf herum.

«Ich möchte auf die Demonstration», dachte sie immer wieder. «Wie stelle ich das nur an?»

1969

Es war ein Jahr später. Samstag, der 1. März 1969.

Die Demonstration in Bern

Auf dem Bundesplatz standen 5000 Frauen und Männer aus der ganzen Schweiz.
Das sind so viele, wie ein Zug mit fünfzig Bahnwagen, in dem auf jedem Platz eine Person sitzt. – Einige müssten sogar noch stehen.

All diese Menschen riefen:
«Frauenstimmrecht! FRAUENSTIMMRECHT!»

Unsere vier Freunde standen ganz vorne auf dem Platz.
Yaga und Yascha krähten tolle Sprüche ins Megafon.
Die Menge wiederholte, was sie riefen.
Es wurde laut und lauter.
Yollo schwenkte eine Fahne und schrie: «Gleiche Rechte für Mann und Frau!»

Oh, was für eine Überraschung! Yokko sah in der Menge Frau Schafhirt stehen. Sie hielt ein selbstgemaltes Schild in der Hand.

Darauf stand: Genug! Ich bin erwachsen. Ich will wählen!

Yokko drückte sich zu ihr durch.

«Sehr gut», lachte er.

Frau Schafhirt wurde ganz rot vor lauter Freude.

Sie erklärte ihm, dass Frau Metzger auch hätte mitkommen wollen, aber ihr Mann sei erkrankt.

Frau Müller hingegen hätte nicht demonstrieren wollen. Sie zöge es vor zuhause zu bleiben – und zu stricken.

Frau Doktor hatte Angst vor Volksmengen. Sie schaute sich die Bilder aus Bern auf ihrem modernen schwarz-weiss Fernseher an.

Die sehr junge Frau Professor sass im leeren Haus und wusste nicht, wo ihr Gatte war. – Nein, sie dachte nicht ans Frauenstimmrecht, sie dachte nur an ihr Unglück.

Nach dieser Demonstration

und unter dem Druck der neuen Weltpolitik

mussten die Regierenden handeln.

Doch es brauchte noch zwei Jahre,

bis es zur Volksabstimmung kam.

Frauenstimmrecht:

JA oder NEIN?

7. Februar 1971

JA! JA! JA! JA! Die Männer hatten JA gestimmt!

Die Schweizer Frauen hatten an diesem Sonntag das Stimm- und Wahlrecht bekommen.

Yaga und Yascha waren ausser sich vor Freude. Sie liefen mit ihren Freundinnen jubelnd durch die Strassen. – Ihre Mitkämpferinnen kamen hinzu.

Fröhlich umarmten sich alle mit lautem «HALLO». Einige streckten übermütig die Faust in die Luft. Zack-zuck! Zack-zuck! Zack-zuck! Zack-zuck!

Es wurde gesungen, gelacht, getanzt … und bei vielen die ganze Nacht durchgefestet.

Endlich!
Seit dem Brief der 139 Frauen waren fast hundert Jahre vergangen.

Wie ging es weiter?

Yascha und Yollo hatten geheiratet. Sie teilten sich eine Zahnarztpraxis für Kinder.

Yascha war am Morgen Zahnärztin und am Nachmittag Hausfrau.

Yollo war am Nachmittag Zahnarzt und jeden Morgen Hausmann.

Sie hatten miteinander zwei Kinder: die vierjährige Nana und den dreijährigen Ivo.

Die Räume ihrer Praxis waren in bunten Regenbogenfarben gestrichen. Aus dem Lautsprecher tönten die neuesten Kinderwitze …

Yascha wie auch Yollo sagten nie: «Pfui, du hast deine Zähne schlecht geputzt!»

Nein, sie schenkten den Kindern eine Zahnbürste und sagten: «Das ist eine richtige Zauberbürste! Wenn du deine Zähne gut damit putzt, dann gibt es bei dir keine Löcher mehr.»

Yokko wurde Tierreporter.

Er hielt sich oft in Afrika auf, ganz besonders in Kenia.

Dort hatte er, auf einer Reise, seine Frau Malaika kennengelernt. Viele Monate lang fuhren, liefen oder kletterten die beiden im Land herum und fotografierten Tiere.

Malaika war Yokko ein paar Monate später in die Schweiz nachgereist. Die beiden erwarteten ihr erstes Kind.

Yaga war nicht verheiratet. Sie hatte Recht studiert und setzte sich als Anwältin für Frauen ein.
Yaga war eine bekannte Persönlichkeit. Sie sprach am Radio und im Fernsehen, schrieb Bücher und hielt viele Vorträge über die Rechte von Mann und Frau.

Yaga sollte die Patin des Babys von Malaika und Yokko werden. Darauf freute sie sich sehr!

1981

Es wurde Tag und Nacht und Tag und Nacht und zehn Jahre vergingen wie im Flug – bis zum Jahr 1981.

Zehn Jahre Frauenstimmrecht

Die vier Freunde sassen in der grossen Wohnküche von Yascha und Yollo. Malaika war zuhause geblieben, weil ihr Bauch schon riesig dick war.
Nana und Ivo schliefen bereits.

Yascha, Yaga, Yollo und Yokko prosteten sich lustig zu.
«Zehn Jahre Frauenstimmrecht! Hipp-hipp-hurra!»
«Erinnert ihr euch noch an die Demonstration in Bern?»
«Das war sensationell!»
«Prost! Prost!»
«Ich habe eine Überraschung!», verkündete Yascha.
«Prost! Eine Überraschung», freuten sich alle.
Yascha stellte eine schön geschmückte Holzplatte auf den Tisch. Darauf lagen kleine, runde Schafkäse.

Einige trugen ein hübsches Bildchen mit einer Inschrift.

Yokko las: «Käserei zur Schafhirtin.»

«Das gibt's ja nicht!», rief er. «Ist es diese Frau Schafhirt, die damals sagte: Dumme Gänse?»

«Erraten», nickte Yascha.

«Erzähl!»

«Ihr gehört jetzt der Käseladen.»

«Wie ist das möglich?», staunte Yaga. «Ihr Mann hatte ihr doch verboten zu arbeiten!»

«Na ja, sie half im Käseladen manchmal aus, wenn er zur Arbeit ging. Als der Besitzer später krank wurde, arbeitete sie immer mehr. Nach seiner Pensionierung wünschte er sich, dass sie den Laden übernimmt.»

«Grossartig!», klatschten alle.

«Frau Schafhirt ist äusserst tüchtig. Der Laden ist immer voller Leute.»

«Und ihr Mann?»

«Ach, dem spielte das Leben böse mit! – Er hatte einen schweren Unfall. Lange Zeit lag er im Spital. Stellt euch vor, wie froh er war, als sie ihm sagte, dass sie das Geld verdienen könne.»

«Aha, aha, nun durfte sie arbeiten», murmelte Yaga.

«Lange Zeit fand er keine Arbeit», erzählte Yascha weiter, «jetzt hilft er im Laden mit … aber sie ist die Chefin!»

«Eine verrückte Geschichte», freute sich Yokko.

«In den Jahren vor dem Frauenstimmrecht wäre so etwas kaum möglich gewesen», meinte Yollo.

«Prost, auf Frau Schafhirt!»

«Weisst du auch etwas von Frau Müller?», fragte Yokko.

«Die fand es doch so schön, eine Hausfrau zu sein und alle zu verwöhnen.»

«Sie hat sich kein bisschen verändert», antwortete Yascha. «Ich sehe sie oft im Park mit ihren fünf Enkelkindern. Alle tragen handgestrickte Pullover und Mützchen. Sicherlich ist sie eine liebe und glückliche Oma.»

«Und ich», platzte Yaga heraus, «ich habe ihre Freundin, die Frau Metzger, auf der Strasse angetroffen.»

«Warum auf der Strasse?»

«Das Beste vom Besten! Sie sass in einem kleinen Auto.

Aber nicht auf dem Beifahrersitz! – Nein, am Steuer!»

«Ehrlich?», staunte Yollo. «Dann hat sie die Fahrprüfung gemacht!»

«Das war mutig von ihr.»

«Super!»

«Stossen wir auf die Frauen aus dem Häuserblock an.»

«Prost!!!»

«Da gab es doch auch noch eine Frau Professor und eine Frau Doktor. Weiss jemand etwas von ihnen?»

«Ich hörte, die junge Frau Professor sei zu ihrer Freundin nach Paris gezogen», sagte Yascha. «Sie soll schon seit längerem nicht mehr hier wohnen.»

Yollo erzählte lachend: «Die Frau Doktor hilft manchmal in der Praxis ihres Mannes mit. – Aber die Leute nennen sie nicht mehr Frau Doktor. Diese Zeiten sind hinter uns.»

«Die Kartoffeln sind heiss! Platz gemacht!», rief Yascha.

«Guten Appetit!»

«Schmatz, schmatz», schmatzte Yokko, «Gschwellti mit Frau Schafhirts Schafkäse. Toll!»

«Am nächsten Wochenende ist Abstimmungssonntag», wechselte Yascha das Thema. «Ich denke, ihr geht alle hin? Ja?»

«Aber sicher! – Glaubst du etwa, wir hätten all die Jahre für nichts gekämpft?»

«Es ist schön zu sehen», meinte Yokko zufrieden, «wie jetzt ganze Familien beim Stimmlokal eintreffen.»

«Aha! Nicht nur die Männer», spöttelten Yascha und Yaga.

«Für Nana und Ivo ist das immer ein ganz besonderer Tag», sagte Yollo.

«Warum? Stimmen die auch ab?», blödelte Yaga weiter.
«Witzig, witzig! – Nein, nach dem Abstimmen gehen wir jedes Mal Pizza essen.»
«Anstatt Mutters köstlicher Sonntagsbraten!», schwärmte Yokko. «Ach, das schöne Sonntagsessen!»

«Es gibt immer mehr von diesen italienischen Pizzerias», sagte Yollo. «Noch vor wenigen Jahren wusste ich nicht einmal, was eine Pizza ist!»
«Genau, mir geht es mit den Pommes-frites mit Ketchup oder dem Hamburger so», verriet ihnen Yascha.
«Klar, uns ja auch!»

«Was ich noch sagen wollte», meldete sich Yaga, «ich gebe am Mittwoch ein Radiointerview.»
«Bravo Yaga! – Über was wirst du sprechen?»
«Schaltet das Radio an», lachte sie.

Das Interview

Aus dem Radio war die Stimme von Yaga zu hören.

«Ich bin nicht Ihrer Meinung», sagte sie.

Der Sprecher wiederholte: «Das Schweizer Gesetz wird nun Schritt um Schritt verändert, bis Männer und Frauen gleichgestellt sind.»

«Ja, das wurde in diesem Jahr in die Bundesverfassung aufgenommen», erwiderte Yaga. «Doch es wird noch Jahre dauern, bis es soweit sein wird!»

«Das ist doch bereits ein grosser Fortschritt», meinte der Radiosprecher.

Yaga lachte hell auf: «Grosser Fortschritt? – Nennen Sie das wirklich einen grossen Fortschritt?

Gemessen an den umliegenden Ländern sind wir das langsamste von allen.»

Der Sprecher hüstelte ein bisschen.

Yaga sagte: «Selbst wenn wir Frauen gleiche Rechte haben wie die Männer, ist die Gleichheit nicht da! Ganz besonders was Kinder und Jugendliche angeht!»

«Warum das?», fragte der Sprecher interessiert.

«Wegen der männlich geprägten Vergangenheit!»

«Könnten Sie das unseren Zuhörern näher erklären?»

«Wenn Sie es erlauben, auch all unseren Zuhörerinnen», korrigierte ihn Yaga spitz.

Dann fuhr sie langsam und deutlich fort:
«Jungs haben tausende berühmter Männer zum Vorbild. Unsere Schulbücher sind voll davon. Für die Jungs ist es ein Leichtes zu denken: Wenn ER es konnte, dann kann ich es vielleicht auch.»

«Ja, das gibt ihnen Mut», meinte der Sprecher.

«Den Mädchen fehlen diese Vorbilder», erklärte Yaga.

«Es gibt fast keine Geschichten von berühmten Frauen. In den Städten und auf Plätzen stehen keine Denkmäler von Erfinderinnen und Entdeckerinnen.

Mädchen ist es nicht möglich zu denken: Wenn SIE es konnte, dann kann ich es vielleicht auch.»

«Macht das einen Unterschied in der Erziehung?», fragte der Sprecher überrascht.

«Ja!», erwiderte Yaga. «Sogar einen grosser Unterschied! Der Junge wird gefördert, das Mädchen nicht.

Leider sind Eltern und Umfeld noch immer der Meinung: SIE kann unmöglich die erste sein! – Was? Eine Pilotin? Eine Chirurgin? Eine Dirigentin? Eine Bundespräsidentin? Das gab es noch nie!»

«Heute besuchen Jungs und Mädchen dieselbe Schule», erwiderte der Sprecher. «Beide haben somit die gleichen Möglichkeiten. – Was ist Ihre Antwort darauf?»

«Ich möchte unsere Zuhörerinnen und Zuhörer bitten, ihre Augen für einen Moment zu schliessen.»

«Stellen Sie sich eine Rennbahn vor», hörte man Yagas Stimme, «flachgetrampelt und gepflegt seit hunderten von Jahren. – Daneben ein gleich langer Waldweg, auf dem noch kaum jemand gelaufen ist.»

«Der Startschuss knallt», fuhr Yaga fort. «Welche Person gewinnt? Die auf dem ersten oder die auf dem zweiten Weg?»

«Was wollen Sie damit sagen?», fragte der Sprecher.

«Jungs rennen auf der Rennbahn», antwortete Yaga.

«Mädchen rennen auf dem Waldweg.»

«So wäre, nach Ihnen, nur der Startschuss gleich?»

«Ganz genau!», erwiderte Yaga.

«Ein interessantes Bild», meinte der Sprecher.

Yaga erklärte: «Und trotzdem gibt es Mädchen, welche in derselben Zeit ankommen. Sie mussten sich sehr viel mehr anstrengen als die Jungs. Aber sie hielten durch.»

Der Sprecher lachte: «Glauben Sie, wir werden in Zukunft womöglich eine Frau Direktor beim Radio haben?»

Yaga wurde lauter: «Selbst wenn diese mutigen Mädchen vorne beim Ziel sind, gibt es nochmal einen sehr grossen Unterschied!»

«Erklären Sie das bitte.»

«Männer», erwiderte Yaga, «welche schon eine Karriere gemacht haben und Nachfolger suchen, wünschen sich, dass alles in ihrem Sinn weitergeht.
Sie wollen jemanden, der ihnen gleicht!»
Yaga nahm tiefen Atem. «Und wer ist ihnen ähnlicher? Ein begabtes Mädchen – oder ein gleich begabter Junge?»

«Die Antwort ist nicht schwierig», erwiderte der Sprecher.

«Die sehr guten Posten werden darum meist von Jungs besetzt», erklärte Yaga. «Männer ziehen Männer nach!»

«Ein gewagter Gedanke», meinte der Sprecher.

Yaga sagte stolz: «Und trotzdem haben sich sehr mutige und fleissige Frauen in den letzte Jahren einen Weg nach oben geschaffen.»

«Unsere Zeit ist fast um», sagte der Sprecher. «Möchten Sie noch ein Schlusswort geben?»

«Sehr gerne», erwiderte Yaga. «Ich denke, von Gleichheit können wir erst dann sprechen, wenn die Rennstrecke für Mädchen und Jungs dieselbe ist, und wenn am Ziel vorne Männer wie auch Frauen stehen, die auf sie warten.»

«Ich danke Ihnen für das Gespräch.»

«Es geht in die gute Richtung!», lachte Yaga. «Achtung, die Mädchen holen auf!»

Auf dem Spielplatz

Yollo und Yokko sassen miteinander auf einer Bank beim Kinderspielplatz.

Yokko war vor vier Monaten Vater geworden. Stolz trug er den kleinen Ali im Wickeltuch auf seinem Bauch.

Yollo schaute zum Sandkasten hinüber, wo seine beiden Kinder spielten.

«Das Leben ist sooo schön», schwärmte Yokko.

«Super», murmelte Yollo und blinzelte in die Sonne.

Ein zitteriger alter Mann mit Stock näherte sich ihnen.

«Darf ich mich ein bisschen zu euch setzen?», fragte er sehr schüchtern.

«Aber natürlich!», antwortete Yollo.

«Wir laden Sie sogar ein», erwiderte Yokko.

Der zitterige alte Mann schaute auf Yokkos Bauch und schmunzelte.

«Das gab es zu meiner Zeit nicht», erklärte er. «Männer die einen Säugling wie ein Känguru herumtragen.»

«Mein Grossvater sagte mir dasselbe», lachte Yokko und streichelte die schwarzen Löckchen des Kleinen.

«Säuglinge und Kleinkinder waren damals Weibersache», fuhr der zitterige alte Mann fort.

«Als ich meinen Jüngsten im Kinderwagen herumschob», sagte Yollo, «da meinte mein Onkel, dass Männer früher so etwas nie getan hätten.»
«Stimmt», versicherte der zitterige alte Mann, «sie wären ausgelacht worden.»

«Das kann man sich gar nicht mehr vorstellen», antwortete Yokko kopfschüttelnd.

«Wissen Sie, wir Männer taten früher nichts anderes als arbeiten», sagte der zitterige alte Mann. «Wir mussten das Geld für die ganze Familie allein verdienen.»

«Dafür mussten Sie im Haushalt nicht mithelfen!», riefen Yollo und Yokko genau im selben Moment.
«Tun Sie das?», fragte der alte Mann.

«Oh ja!»

«Jeden Tag!»

«Können Sie richtig kochen, rüsten, putzen, waschen?»

«Aber sicher!», platzte es aus beiden heraus.

«Spielen Sie auch mit ihren Kindern?»

«Das ist doch das Schönste am Vatersein!»

«Wer weiss? Vielleicht hätte ich das auch gerne getan.»

Der zitterige alte Mann begann zu husten.

«Es ist traurig», sagte er keuchend, «aber die meisten Kinder hatten früher Angst vor ihrem Vater.»

«Erzählen Sie», sagte Yokko, «es interessiert mich.»

«Mein eigener Vater hat von seinem Vater fast nur Schläge bekommen. – Ich übrigens auch.»

«Warum?»

«Das war in vielen Familien so.»

«Ach ja?»

«Die Mütter mussten abends aufzählen, was die Kinder tagsüber alles Böses getan hatten.»

«Und dann?»

«Dann verprügelte der Vater die Kinder. Auch wenn es nur ganz winzige Sachen waren.»

«Fürchterlich!»

«Papa, Papaaa! Machst du uns einen Tunnel durch den Berg?», krähte Nana.

«Ich komme schon!»

Yollo ging zum Sandkasten.

Der zitterige alte Mann rückte näher zu Yokko.

«Darf ich Ihren Kleinen auch einmal streicheln? Ich habe noch nie so winzige Locken gesehen.»

«Meine Frau kommt aus Kenia.»

«Oh? Dann haben Sie eine schwarze Frau?»

«Ja, das sieht man doch dem Kleinen an.»

«Ach, was es doch nicht alles gibt! – Sind Sie glücklich?»

«Sogar sehr!»

«Wissen Sie, junger Mann, die Frauen haben uns einiges gelehrt.»

«An was denken Sie?»

«Als sie das Frauenstimmrecht erzwingen wollten, waren

viele Männer dagegen.»

«Sie auch?»

«Ja, ich auch. Wir hatten Angst, dass sie dann nicht mehr richtige Frauen wären. – Besser gesagt, dass sie uns den Platz nehmen würden.»

«Wie das?»

«Wir wollten Männer unter Männern sein.»

«Ach so!»

«Wir wollten mächtiger sein als sie.»

«Und dann?»

«Dann haben sie es trotzdem bekommen.»

«Und wurde es so schlimm, wie Sie glaubten?»

«Nein, junger Mann – im Gegenteil!»

«Oh, das freut mich!»

«Durch den Einfluss der Frauen sind viele Vorschriften und Gesetze besser geworden.»

«Wunderbar!»

Der zitterige alte Mann lächelte und sagte: «Sehen Sie, nur wegen den neuen Gesetzen könnt ihr Väter sein, wie Ihr beide es seid.»

«Stimmt», nickte Yokko, «wir arbeiten beide, und wir teilen uns die Zeit mit den Kindern.»

«Für uns war so etwas nicht möglich.»
Der zitterige alte Mann versuchte aufzustehen.
Yokko stützte ihn.
«Danke, danke, junger Mann.»

«Es war spannend mit Ihnen zu sprechen», meinte Yokko.
«Danke! Glauben Sie mir», sagte der zitterige alte Mann, «die Welt ist schöner geworden. – Und die Frauen haben einen grossen Verdienst daran.»

Er humpelte zum Sandkasten und beschaute lächelnd den schönen Sandberg.
Nana und Ivo waren sehr stolz. Sie zeigten ihm, wie sie sich mitten im Tunnel die Hand geben konnten.
«So witzig!»

Fünf Wünsche für Mädchen und Jungs von heute

Malaika:

«Ich wünsche mir viele farbenfroh
gemischte Kinder, und dass es auf
der Welt so lustig wird, wie es bei
den Tupa und den Tupo am Ende
wieder geworden ist.»

Yokko:

«Ich wünsche mir, dass Mädchen
und Jungs mit den Tieren sorgsam
umgehen.

Tiere brauchen den Schutz und die
Freundschaft der Jugend.

Ihnen gemeinsam gehört in Zukunft
die Welt.»

Yascha:

«Ich wünsche mir, dass Mädchen und Jungs nie mehr getrennt werden. Sie sollen sich die Hand geben und miteinander in die Zukunft schauen.»

Yollo:

«Ich wünsche mir, dass Mädchen und Jungs so leben dürfen, wie sie sich fühlen. Laute und kämpferische Mädchen sind genauso toll, wie leise und träumerische Jungs.»

Yaga:

«Ich wünsche mir, dass die Rennbahn für Mädchen und Jungs gleich aussieht, und dass am Ziel Frauen und Männer stehen, die ihnen helfen.»

Und du?
Was wünschst du dir?

INHALT:

Ein Märchen 5

Die Zeit des Mammuts 6

Jetzt! 11

Das Ungeheuer 16

Die Trennung 20

Die Zeit des Nashorns 25

Der Übungsplatz 30

Die Zeit des Bären 40

Ein König 45

Zack-zuck! 49

Die Zeit des Krokodils 53

Die Grünen 57

Bei Vollmond 61

Kokosnüsse 65

Warum? 71

Nach dem Krieg 74

Die erste Abstimmung 76

Fragen 81

Kein Märchen 83

Zwei Kriege 89

1959: Drei Hausfrauen 92

Vier Freunde 98

Frau Doktor und Frau Professor 105

Die grosse Volksabstimmung 109

Im Gasthof Bären 112

Nein! 116

Lehrerinnen streiken 120

1968: Der Umsturz 122

Vorbereitungen 126

1969: Die Demonstration in Bern 135

7. Februar 1971 138

Wie ging es weiter? 141

1981: Zehn Jahre Frauenstimmrecht 144

Das Interview 151

Auf dem Spielplatz 158

Fünf Wünsche für Mädchen und Jungs von heute 164

Herzlichen Dank an den Lektor:

Florian Heller, Deutschland

Liebe Mädchen und Jungs!

Es hat mir Spass gemacht, euch aus meiner Zeit zu erzählen. Als ich in eurem Alter war, hatte ich die vielen Erfindungen miterlebt wie: der Mixer, die Waschmaschine, Autos für alle ...

Die 1968-er Jahre waren für mich ähnlich wie für Yaga, Yascha, Yokko und Yollo. – Plötzlich waren wir jungen Menschen frei!

Ich ging ins kommunistische Polen um Musik zu studieren. Kurz vor dem politischen Umsturz kam ich mit meiner kleinen Tochter in die Schweiz zurück.

Ich war alleinerziehende Mutter, später wieder Ehefrau, dann wiederum Alleinerziehende von zwei kleinen Mädchen.
Ich arbeitete hart, hatte Erfolg, setzte mich für bessere Rechte der Frauen ein.

Als Kind erlebte ich die Aufbauzeit, als junge Frau den Alltag in einem besetzten Land, dann wiederum die Lebensweise in der Schweiz und anderen kapitalistischen Ländern.

Nach allem, was ich gesehen habe, denke ich heute wie der zittrige alte Mann auf dem Spielplatz:
«Die Welt ist schöner geworden – und die Frauen haben einen grossen Verdienst daran.»

Viel Glück für die Zukunft wünscht euch

SUZANNE GAEDE

Von Suzanne Gaede sind bei BoD erschienen:

KAROLIM: ein Bett bei Mama – ein Bett bei Papa (2018)
MOBBING: Die Geschichte von Bibi (2020)

www.suzanne-gaede.ch